古代歷史文化 研究輯刊

二七編

王明蓀 主編

第 3 冊

北魏軍鎮及軍鎮職官考
——以正史文獻與墓誌為中心的探討（上）

王 萌 著

國家圖書館出版品預行編目資料

北魏軍鎮及軍鎮職官考——以正史文獻與墓誌為中心的探討
（上）／王萌 著 -- 初版 -- 新北市:花木蘭文化事業有限公司，
2022〔民 111〕
序 2+ 目 6+166 面；19×26 公分
（古代歷史文化研究輯刊 二七編；第 3 冊）
ISBN 978-986-518-771-2（精裝）
1.CST：軍事 2.CST：研究考訂 3.CST：南北朝史
618　　　　　　　　　　　　　　　　　　110022105

ISBN-978-986-518-771-2

9 789865 187712

古代歷史文化研究輯刊
二七編　第三冊　　　　　　ISBN：978-986-518-771-2

北魏軍鎮及軍鎮職官考
——以正史文獻與墓誌為中心的探討（上）

作　　者　王萌
主　　編　王明蓀
總 編 輯　杜潔祥
副總編輯　楊嘉樂
編輯主任　許郁翎
編　　輯　張雅淋、潘玟靜、劉子瑄　美術編輯　陳逸婷
出　　版　花木蘭文化事業有限公司
發 行 人　高小娟
聯絡地址　235 新北市中和區中安街七二號十三樓
　　　　　電話：02-2923-1455／傳真：02-2923-1452
網　　址　http://www.huamulan.tw 信箱 service@huamulans.com
印　　刷　普羅文化出版廣告事業
初　　版　2022 年 3 月
定　　價　二七編 13 冊（精裝）台幣 38,000 元

北魏軍鎮及軍鎮職官考
——以正史文獻與墓誌為中心的探討（上）

王萌　著

作者簡介

王萌，男，漢族，內蒙古包頭市人。現任職於內蒙古大學歷史與旅遊文化學院歷史系，從事秦漢史、魏晉南北朝史、魏晉南北朝碑刻研究。2007年8月考入吉林大學古籍研究所，師從張鶴泉先生研習秦漢史，2009年6月畢業；同年8月，師從碩導恩師研治魏晉南北朝史，2012年6月畢業，獲中國古代史博士學位。目前發表學術論文、會議論文共6篇，出版專著3部。申請、承擔2014年內蒙古自治區哲學社會科學規劃基金項目，項目名稱：北魏北部邊疆與民族政策研究；項目批准號：2014C117；此項目已結項，結項證書編號：1214089。

提　　要

　　本書以北魏軍鎮為研究主線，將正史文獻、墓誌、地方志充分結合，洞悉北魏軍鎮設置及其分布位置；立足自然因素，透視北魏軍鎮防禦體系規劃布局；通過對散佈於文獻、墓誌中的北魏軍鎮職官史料的詳細梳理，構建完整的軍鎮軍政機構；通過探究北魏軍鎮鎮將的族屬與家世出身的多元化，揭示北魏統治者在鎮將選任上的「不拘一格降人才」，闡述北魏軍政權力結構建立在胡漢族群的廣泛社會基礎上，進而使得北魏軍鎮鎮將群體在較長時間內能保持活力與銳意進取之生機；立足自然與人為因素，洞察北魏軍鎮盛衰之原因。

序

王紹東

　　王萌博士的書稿《北魏軍鎮及軍鎮職官考——以正史文獻與墓誌為中心的探討》一書殺青，囑我為序，一時頗感為難。一是以我的學術水平和業績，本無資格為他人作序；二是王萌博士的研究領域也非我所長。但自王萌讀本科起，便與我交往密切，算來已近 20 年，彼此間形成了從師生到同事，再到朋友和夥伴之關係。王萌博士的囑託，自難拒絕。在長期交往、觀察、共事的過程中，他身上體現出的精神和品質，令我感動，也值得我學習。

　　王萌頗具學者氣質，做事一貫有規劃，認真而執著。自大學時起，就設置了嚴格的作息時間表，並能夠堅持執行，其自律精神令人感歎。他勤奮好學，讀書著作，孜孜不倦。每聞某地有與自己的研究內容相關的碑刻墓誌出土，便探訪徵求，殷殷羅致。因腹有詩書，不管是本科生，研究生或同行同事，遇到難解之題時，他往往能指出可閱讀某書參證。王萌教書育人，兢兢業業。在做教學、班主任、學生論文指導工作時，總能盡心盡力，贏得了師生的認同和好評。

　　與王萌博士的努力相對應，其學術成果也收穫頗豐。自 2013 年起，他已連續出版了《北朝時期釀酒、飲酒及對社會的影響研究》《胡漢風韻——北朝時期飲食文化研究》《北魏北部邊疆與民族政策研究》三部專著，其出手之快，分量之重，令人讚歎。一分耕耘，一分收穫，如果沒有長時間的積累，沒有辛勤的付出，沒有一心向學的堅守，是很難獲得如此豐厚的成果的。今天，他的第四部專著《北魏軍鎮及軍鎮職官考——以正史文獻與墓誌為中心的探討》即將出版，閱讀此書，以下特點值得關注：

　　一、廣泛的文獻搜求。北魏軍鎮的研究，資料相對分散。王萌博士搜集

正史、雜史、碑刻、考古等相關資料，亟亟於斂，鉅細靡遺，為研究打下了堅實的基礎。王萌博士還多次進行實地探訪，讀萬卷書，行萬里路，將研究思考置於實地背景之下，盡可能客觀展現歷史事件的地理空間。正如李開元先生所言：「歷史是過去，在時間中消失，可在空間中還有遺留。你只有親眼看到那些古蹟，才會感受到歷史是實實在在的東西。」

二、多元化的研究視角。王萌博士的這部專著，採用歷史學、地理學、民族學、考古學等多學科的研究方法，體現了知識的廣博和視角的多元。研究內容包括北魏軍鎮的數量、分布、設置時間和軍鎮內部職官機構等，深入分析了自然環境、政治勢力、國家政策、軍事戰略決策對軍鎮選址、遷徙等的影響。通過對北魏軍鎮深入、系統、全面地研究，推進了北魏歷史研究。

三、繼承與創新相結合。對北魏軍鎮的研究，很多學者包括一些學術大家都有涉獵。王萌博士的專著，充分借鑒吸收了已有研究成果，對軍鎮進行專題研究，並在一些問題上有新的創獲。例如，對軍鎮設置時間、軍鎮地望、各軍鎮軍事地理價值的高低等進行了詳細探究。對軍鎮數量進行了新的考證，在已有 93 個軍鎮或 98 個軍鎮研究結論的基礎上，得出了北魏應該有 100 個軍鎮的新論。他對北魏軍鎮機構的考論，彌補了《魏書·官氏志》記載的不足。該書還從多方面探究了北魏軍鎮盛衰的影響因素。上述研究，在許多方面都有創建，也具有較高的學術價值。

鮮卑人從森林走向草原，又從草原走向中原。他們以包容的胸懷，頑強的意志力和善於學習的精神，建立北魏政權，統一北方地區，進行漢化改革，最終消融在中華民族的大家庭之中。王萌博士以專題的形式研究北魏的歷史，層層深入，各個突破，已經取得了豐碩的成果。祝願他今後的研究，能夠百尺竿頭，更進一步，並在高水平專著出版、高層次項目申請、高水平論文發表上齊頭並進，多傳捷報。

2021 年 7 月 12 日

目

次

前　言

第一節　選題概況

　　本書所研究對象「北魏軍鎮」，是北魏時期的重要區域，是在原本政治、經濟、文化方面與中原迥異的拓跋集團為鞏固對中原北方的控制所實行之制度。北魏軍鎮是集多方面因素的產物，軍鎮既是軍事鎮戍單位，在一定程度上又具備自然地理因素，同時又多依託行政區而存在。本書研究北魏軍鎮所關注的重點，在軍事與自然因素方面。自道武帝皇始年間，至孝文帝太和年間，北魏眾多軍鎮陸續出現在北魏轄境內地與邊疆地區，在鞏固北魏邊疆與內地上發揮了積極作用，眾多軍鎮鎮將借任職軍鎮而逐步進入中央與地方權力核心，與北魏中央統治集團形成榮辱與共的共同體。自孝文帝遷洛後，北魏軍鎮逐步呈現出勢衰之勢，尤其是北魏北方邊疆軍鎮與洛陽統治集團在政治、經濟與文化方面的距離漸行漸遠，北方邊疆軍鎮集團由北魏中央統治集團的捍衛者變為反對者，最終引發六鎮之亂，嚴重削弱北魏中央實力，使北魏陷入瓦解之境地。可謂，北魏因軍鎮而鞏固、強大，亦因軍鎮而衰亡。所以，北魏軍鎮成為古今學者所關注的重點對象。本書以北魏軍鎮為研究對象，在充分吸收學界現有研究成果基礎上，對北魏軍鎮所涉問題進行系統研究。

第二節　北魏軍鎮學術研究概況

一、古代學者對北魏軍鎮的認識（截止清代）

　　從唐代開始，古代學者就已對北魏軍鎮給予關注，如唐代李吉甫在《元和郡縣圖志》〔註1〕中，圍繞著地望，展開對部分北魏北方軍鎮分布的探討。

　　古代學者從中央與地方關係對國家盛衰影響的角度展開的探討，對分析北魏興衰存亡與軍鎮穩定之關係，提供了思考的視角。《宋史》卷四四二《文苑四·尹源傳》載尹源在《唐說》中認為「世言唐所以亡，由諸侯之彊，此未極于理。夫弱唐者，諸侯也。唐既弱矣，而久不亡者，諸侯維之也。燕、趙、魏首亂唐制，專地而治，若古之建國，此諸侯之雄者，然皆恃唐為輕重。何則？假王命以相制則易而順，唐雖病之，亦不得而外焉。故河北順而聽命，則天下為亂者不能遂其亂；河北不順而變，則姦雄或附而起」〔註2〕。南宋呂中在《宋大事記講義》卷一《序論·治體論》中認為「自古之所以得天下者，曰民心也、軍心也、士大夫之心也，是寬之所當施也。自古之所以為天下患者，曰外戚也、宦官也、藩鎮也、權臣也，是嚴之所當用也……外戚、宦官、強臣、藩鎮，固當律之以嚴，而軍民士大夫之心亦豈徒寬者所能係屬哉。蓋寬者仁意浹洽之謂，嚴者綱紀整肅之謂，仁意之與綱紀二者並行而不相離，則不待立寬嚴之的而治體固已定矣」〔註3〕。

　　清代學者從武質與文質轉換方面對中國古代國家實力變化的探究，亦暗含北魏軍鎮之盛衰。陸世儀在《論學酬答》中指出「太平之時，郡縣治之而有餘；危亂之世，非建鎮控之則不足。秦漢以來皆然」〔註4〕，以時間視角，探究包括北魏軍鎮在內的軍事鎮戍存在的必要性。趙翼在《廿二史劄記》卷一四《魏齊周隋書並北史》「魏孝文帝遷洛」中指出「蓋帝優於文學，惡本俗之陋，欲以華風變之，故不憚為此舉也。然國勢之衰實始於此，一傳而宣武，再

〔註1〕（唐）李吉甫：《元和郡縣圖志》卷四《豐州》，北京：中華書局，1983年，第115頁。

〔註2〕（元）脫脫：《宋史》卷四四二《文苑四·尹源傳》，北京：中華書局，1977年，第13082頁。

〔註3〕（南宋）呂中：《宋大事記講義》//《影印文淵閣四庫全書·史部·史評類》（第686冊），臺北：臺灣商務印書館，1986年，第188頁。

〔註4〕陸世儀：《論學酬答》卷一《答王登善封建郡縣問》//《續修四庫全書》編纂委員會：《續修四庫全書》（第946冊），上海：上海古籍出版社，2002年，第76頁。

傳而孝明，而鼎祚移矣。蓋徒欲興文治以比於古地望，不知武事已漸馳矣」
〔註5〕，注意到北魏軍鎮盛衰與國家由武治轉向文治之間的必然聯繫。

　　清代學者對北魏六鎮歷史給予較早的關注，如沈垚著有《六鎮釋》〔註6〕，
對北魏六鎮的組成及地理位置分布有一定的研究，而且，沈垚關於何為六鎮
的主張至今仍影響著學界對北魏六鎮組成的看法。

　　唐代至清代學者關於北魏軍鎮的直接探究或者對包括北魏軍鎮在內的中
國古代地方軍事鎮戍的整體性探索，對現代洞察古代地方軍事鎮戍提供了有
價值的借鑒。

二、20 世紀 20 至 40 年代北魏軍鎮的研究

　　20 世紀 30 年代，學者延續著北魏六鎮的研究，俞大綱著有《北魏六鎮
考》〔註7〕，在沈垚關於何為北魏六鎮的基礎上，俞大綱對當時關於北魏六鎮
究竟包括哪些軍鎮的觀點進行辯駁。谷霽光著有《北魏六鎮的名稱和地域》
〔註8〕，探討了六鎮的構成以及各軍鎮轄域。

三、20 世紀 50 年代以後北魏軍鎮的研究

1. 軍事史研究

　　論著方面：《中國軍事史》編寫組主編的《中國歷代軍事工程》〔註9〕涉
及北魏時期內地、邊疆地區的軍鎮、長城等防禦設施的建設情況。嚴耕望在
《中國地方行政制度史・魏晉南北朝地方行政制度》〔註10〕「北魏軍鎮」中
對眾多北魏軍鎮的建制沿革、地望等進行了初步分析，但遺漏了少部分北魏
軍鎮。

〔註5〕（清）趙翼：《廿二史箚記》，北京：中華書局，1984 年，第 324 頁。

〔註6〕沈垚：《落帆樓文集》卷一《六鎮釋》//《續修四庫全書》編纂委員會：《續修
　　　四庫全書・集部・別集類》（第 1525 冊），上海：上海古籍出版社，2013 年，
　　　第 361 頁。

〔註7〕俞大綱：《北魏六鎮考》，載《禹貢半月刊》第一卷第十二期，1934 年，第 2
　　　～6 頁。

〔註8〕谷霽光：《北魏六鎮的名稱和地域》，載《禹貢》（半月刊）第一卷第八期，1934
　　　年，第 6～7 頁。

〔註9〕《中國軍事史》編寫組：《中國歷代軍事工程》，北京：解放軍出版社，2005
　　　年。

〔註10〕嚴耕望：《中國地方行政制度史・魏晉南北朝地方行政制度》，上海：上海古
　　　籍出版社，2007 年。

　　周一良：《北魏鎮戍制度考》〔註11〕、《北魏鎮戍制度續考》〔註12〕，牟發松：《北魏軍鎮考補》〔註13〕、《六鎮新釋》〔註14〕，梁偉基：《北魏軍鎮制度探析》〔註15〕。以上論文較為系統分析了北魏各地軍鎮的設置原因、軍鎮地望、軍鎮性質以及軍鎮地位的變化等問題。

　　目前學界多數學者認為北魏六鎮設置於北魏太武帝時期，但林育辰在《道武帝登國九年在五原的開發—兼論六鎮的起源》〔註16〕一文中認為，登國九年，北魏在五原的屯田，是北魏六鎮的起源；北魏在北部邊疆地區所進行的大規模且穩定的農業生產，是支撐六鎮防線運轉的經濟基礎。

　　關於北魏北疆軍鎮長城防禦體系的研究論文，鮑桐的《北魏北疆幾個歷史地理問題的探索》〔註17〕，重點探究了北魏六鎮鎮城的具體分布位置。張敏的《論北魏長城——軍鎮防禦體系的建立》〔註18〕，岑仲勉的《北魏國防的六鎮》〔註19〕，艾沖的《北朝諸國長城新考》〔註20〕，朱大渭的《北朝歷代建置長城及其軍事戰略地位》〔註21〕，對北魏北疆軍鎮、長城防禦體系的演變過程進行了較詳細的考察。李書吉、趙洋在《六鎮防線考》〔註22〕中，

〔註11〕周一良：《北魏鎮戍制度考》//周一良：《周一良集》第一卷《魏晉南北朝史論》，瀋陽：遼寧教育出版社，1998年，第251～266頁。

〔註12〕周一良：《北魏鎮戍制度續考》//周一良：《周一良集》第一卷《魏晉南北朝史論》，瀋陽：遼寧教育出版社，1998年，第267～278頁。

〔註13〕牟發松：《北魏軍鎮考補》//武漢大學歷史系魏晉南北朝隋唐史研究室：《魏晉南北朝隋唐史資料》（第七期），1985年，第64～74頁。

〔註14〕牟發松：《六鎮新釋》，載《爭鳴》，1987年第6期，第99～102頁。

〔註15〕梁偉基：《北魏軍鎮制度探析》，載《中央民族大學學報》（社會科學版），1998年第2期，第54～59頁。

〔註16〕林育辰：《道武帝登國九年在五原的開發——兼論六鎮的起源》，載《新北大史學》，2005年第3期，第123～140頁。

〔註17〕鮑桐：《北魏北疆幾個歷史地理問題的探索》，載《中國歷史地理論叢》，1999年第3期，第63～92頁。

〔註18〕張敏：《論北魏長城——軍鎮防禦體系的建立》，載《中國邊疆史地研究》，2003年第2期，第13～18頁。

〔註19〕岑仲勉：《北魏國防的六鎮》//岑仲勉：《中外史地考證》，北京：中華書局，1962年，第186～194頁。

〔註20〕艾沖：《北朝諸國長城新考》//中國長城學會：《長城國際學術研討會論文集》，長春：吉林人民出版社，1995年，第134～142頁。

〔註21〕朱大渭：《北朝歷代建置長城及其軍事戰略地位》//朱大渭：《朱大渭經典學術文集》，太原：山西人民出版社，2013年，第421～446頁。

〔註22〕李書吉、趙洋：《六鎮防線考》，載《史志學刊》，2015年第1期，第74～81頁。

以北魏國家內涵性質轉變為視角，即拓跋氏領導的胡族群體由游牧社會向農耕社會轉變、漢化程度逐漸加深，洞察北魏在北疆防禦上逐漸採用中原政權的築塞固守的方式，指出其代表性成果就是六鎮防線的不斷完善，折射出北魏在文化認同與國家性質面貌認識上的轉變。周揚在《北魏六鎮方向的空間分析》〔註23〕中，以考古學為背景，從水文、地形、視域、交通方面，對六鎮防線在選址上的地理因素與內部結構之間的相互作用進行探究。

　　日本學者佐川英治：《北魏六鎮史研究》〔註24〕，將傳世文獻與考古資料相結合，探討了北魏六鎮的起源與演變、六鎮鎮城的遷徙、六鎮最高軍事官員的人員地域構成變化、遷都洛陽後的六鎮防線的重新部署等問題。

2. 考古學研究

　　現有關於北魏軍鎮的考古學研究成果，主要集中於北魏北方邊疆軍鎮方面。

　　自20世紀50年代開始，關於北魏北疆地區的城址考古取得了豐碩成果。張郁：《內蒙古大青山後東漢北魏古城遺址調查記》〔註25〕，崔璿：《石子灣北魏古城的方位、文化遺存及其它》〔註26〕，王文楚：《從內蒙古昆都侖溝幾個古城遺址看漢至北魏時期陰山稒陽道交通》〔註27〕，內蒙古文物工作隊、包頭市文物管理所：《內蒙古白靈淖城圐圙北魏古城遺址調查與試掘》〔註28〕，李興盛、趙傑：《四子王旗土城子、城卜子古城再調查》〔註29〕，常謙：《北魏長川古城遺址考略》〔註30〕，索秀芬：《內蒙古地區北魏城址》〔註31〕，魏

〔註23〕周揚：《北魏六鎮防線的空間分析》，載《中國國家博物館館刊》，2017 年第12 期，第25～36 頁。

〔註24〕佐川英治：《北魏六鎮史研究》//《中國中古史研究》編委會：《中國中古史研究》第五卷，上海：中西書局，2015 年，第55～128 頁。

〔註25〕張郁：《內蒙古大青山後東漢北魏古城遺址調查記》，載《考古通訊》，1958 年第 3 期，第14～22 頁。

〔註26〕崔璿：《石子灣北魏古城的方位、文化遺存及其它》，載《文物》，1980 年第 8期，第55～61、96 頁。

〔註27〕王文楚：《從內蒙古昆都侖溝幾個古城遺址看漢至北魏時期陰山稒陽道交通》，載《復旦學報》（社會科學版）（增刊），1980 年，第113～118 頁。

〔註28〕內蒙古文物工作隊、包頭市文物管理所：《內蒙古白靈淖城圐圙北魏古城遺址調查與試掘》，載《考古》，1984 年第 2 期，第145～152 頁。

〔註29〕李興盛、趙傑：《四子王旗土城子、城卜子古城再調查》，載《內蒙古文物考古》，1998 年第 1 期，第13～19 頁。

〔註30〕常謙：《北魏長川古城遺址考略》，載《內蒙古文物考古》，1998 年第 1 期，第20～25 頁。

〔註31〕索秀芬：《內蒙古地區北魏城址》，載《內蒙古文物考古》，2002 年第 1 期，

雋如、張智海:《北魏柔玄鎮地望考述》〔註 32〕,張文平、苗潤華:《長城資源調查對於北魏長城及六鎮鎮戍遺址的新認識》〔註 33〕,蘇哲:《內蒙古土默川、大青山的北魏鎮戍遺跡》〔註 34〕,劉幻真:《固陽縣城圐圙北魏古城調查》〔註 35〕。上述考古調查,為我們系統瞭解北魏北疆地區城址的分布情況提供了幫助。

陝西省文管會:《統萬城城址勘測記》〔註 36〕;鄧輝、夏正楷、王瑋瑜:《利用彩紅外航空影像對統萬城的再研究》〔註 37〕對統萬城的方位、建築方式、規模與形制進行了詳盡探究。上述關於統萬城的探討,是屈指可數的北魏軍鎮鎮城規模的研究成果。

內蒙古自治區文物考古研究所編著的《內蒙古文化遺產叢書・包頭文化遺產》〔註 38〕、《內蒙古文化遺產叢書・呼和浩特文化遺產》〔註 39〕、《內蒙古文化遺產叢書・烏蘭察布文化遺產》〔註 40〕、《內蒙古文化遺產叢書・巴彥淖爾文化遺產》〔註 41〕,對北魏六鎮部分鎮城遺址在內蒙古境內的分布情況進行了較為詳盡的考古調查。

第 90～96 頁。

〔註 32〕魏雋如、張智海:《北魏柔玄鎮地望考述》,載《北方文物》,2009 年第 1 期,第 85～90 頁。

〔註 33〕張文平、苗潤華:《長城資源調查對於北魏長城及六鎮鎮戍遺址的新認識》,載《陰山學刊》,2014 年第 6 期,第 18～30 頁。

〔註 34〕蘇哲:《內蒙古土默川、大青山的北魏鎮戍遺跡》//北京大學中國傳統文化研究中心:《北京大學百年國學文粹・考古卷》,北京:北京大學出版社,1998 年,第 635～649 頁。

〔註 35〕劉幻真:《固陽縣城圐圙北魏古城調查》//張海斌主編:《包頭文物考古文集》(上),呼和浩特:內蒙古大學出版社,2009 年,第 495～502 頁。

〔註 36〕轉引自陝西省文管會:《統萬城城址勘測記》,載《考古》,1981 年第 3 期,第 225～232 頁。

〔註 37〕轉引自鄧輝、夏正楷、王瑋瑜:《利用彩紅外航空影像對統萬城的再研究》,載《考古》,2003 年第 1 期,第 70～78 頁。

〔註 38〕內蒙古自治區文物考古研究所:《內蒙古文化遺產叢書・包頭文化遺產》,北京:文物出版社,2014 年。

〔註 39〕內蒙古自治區文物考古研究所:《內蒙古文化遺產叢書・呼和浩特文化遺產》,北京:文物出版社,2014 年。

〔註 40〕內蒙古自治區文物考古研究所:《內蒙古文化遺產叢書・烏蘭察布文化遺產》,北京:文物出版社,2014 年。

〔註 41〕內蒙古自治區文物考古研究所:《內蒙古文化遺產叢書・巴彥淖爾文化遺產》,北京:文物出版社,2014 年。

　　張文平、袁永明主編的《輝騰錫勒草原訪古》中「魏晉北朝時期的灰騰梁」部分，作者立足於大量實地考古調查，勾勒出內蒙古烏蘭察布灰騰梁的北魏烽戍分布情況，為瞭解內蒙古地區北魏防禦遺跡，提供了大量實物考古資料。

第三節　研究思路與研究內容

　　本書作者在吸收學界相關研究成果的基礎上，沿著以下思路進行北魏軍鎮相關問題的研究。

　　第一章，以軍鎮的地域分布為中心，洞察眾多軍鎮在北魏境內的北方、東方、西方、南方與內地五個區域的分布。此部分利用《魏書》等史籍與北魏至隋代墓誌，關注有關北魏軍鎮的考古報告以及學界成果，同時結合臺灣成文出版社出版的《中國方志叢書》有關北方省份的地方志、上海書店出版社出版的《中國地方志集成》、哈佛大學哈佛燕京圖書館藏清代方志，對見於史籍、方志與墓誌的北魏軍鎮設置時間、軍鎮地望、各軍鎮軍事地理價值的高低等進行詳細探究。此部分還利用考據法與精確量化統計法，明確北魏軍鎮的數量。

　　第二章，由於正史文獻關於北部邊疆軍鎮之載最為詳盡，且北部邊疆軍鎮盛衰事關北魏之生存與政局之變化、北部邊疆軍鎮之經略完整的體現出中國古代「天時、地利、人和」的軍事謀略，所以，本部分以北部邊疆軍鎮防禦體系為中心，探討自然因素對北魏軍鎮防禦體系規劃布局的影響。北部邊疆軍鎮在整個北魏時期具有舉足輕重的地位，其受北魏統治者重視之程度非其他地區軍鎮所能比擬，這與北魏北部邊疆軍鎮所面邊疆形勢之嚴峻、北部邊疆地帶所擁有的拓跋氏集團入主中原前的肇基之地、舊都所在等政治優勢以及其他地區軍鎮不曾擁有的地利優勢有緊密關聯。所以，明晰北部邊疆軍鎮自身的軍事、政治與自然因素，是探討北部邊疆軍鎮及軍鎮防禦體系盛衰的重要基礎。

　　第三章，遵循第二章選取研究對象之思路，以北部邊疆軍鎮軍政系統為中心，同時考慮其他地區軍鎮的軍事與行政構架，在此基礎上，完整構建北魏軍鎮內部軍事與行政機構框架。

　　第四章，探討北魏軍鎮鎮將族屬與家世出身、仕宦發展。首先，運用宏

觀研究與微觀研究相結合的方法，宏觀研究，探究胡族與漢族成員在整個軍鎮鎮將群體中勢力之強弱；微觀研究，細化北部、東部、西部、南部與內地五個區域內部軍鎮鎮將群體中胡族成員與漢族成員勢力強弱之差別，以及差別存在的原因。其次，探究家世背景因素對胡族成員、以及與拓跋統治者在族屬、血緣上迥異的漢族成員進入軍鎮體系的影響。第三，從賢才主義與門第主義的視角，探討胡族鎮將與漢族鎮將任職軍鎮後的仕宦發展。胡族成員與漢族成員因躋身軍鎮頂層而鞏固與提升自己的權力與身份，並借由軍鎮這一舞臺來拓寬未來的仕宦空間。也就是說，胡漢成員任職軍鎮的仕宦經歷是關涉其仕途發展的重要因素，本部分在對正史與墓誌中有關軍鎮鎮將記載進行統計與分析的基礎上，分析胡族與漢族各個階層成員任職鎮將後仕宦升遷以及所擁有的軍政權力，進一步揭示軍鎮鎮將群體在仕途中發展與流動的特點。

第五章，立足「內外形勢的變遷」、「自然地理環境的變化」、「國家綜合實力的演變」、「統治重心的遷移」、「軍鎮內部機構由精練到繁冗」等視角，揭示北魏軍鎮由盛至衰的原因。其中重點論述北魏孝文帝遷都洛陽、實行的諸漢化改革措施，直接促使遷洛的北魏中央集團與六鎮集團之間的分裂、對峙乃至雙方在軍事上的激烈衝突，即六鎮起事的爆發導致的北魏軍鎮地位的衰微。

第四節　主要研究資料與研究方法

一、主要研究資料

本專著進行研究所依據的資料，首先是傳世文獻，如《魏書》、《北齊書》、《周書》、《北史》、《隋書》、《新唐書》、《資治通鑒》。《魏書》記載了大分部北魏軍鎮與鎮將以及軍鎮中下層武職與文職官員，且對大部分軍鎮鎮將存有褒貶之評價。但《魏書》關於北魏軍鎮記載的不足之處在於：第一，記載的北魏軍鎮有缺失；第二，記載的北魏軍鎮鎮將有缺失；第三，已收錄的北魏軍鎮鎮將中，部分鎮將的家世背景記載或過於簡略，或有缺失。如果將研究所依據的傳世文獻僅限於《魏書》，那麼北魏軍鎮鎮將群體、軍鎮防禦體系規劃布局等問題的研究則不能深入。所以，必須結合《北齊書》、《周書》、《北史》、《新唐書》等文獻進行互證、增補。

其次是地理總志文獻，如《元和郡縣圖志》、《太平寰宇記》、《讀史方輿

紀要》。此類文獻對於北魏軍鎮研究的價值在於，一方面，記錄正史文獻均未記載的北魏軍鎮；另一方面，記錄部分北魏軍鎮的置廢時間、自然地理形勢。

第三是地方志文獻。此類文獻對本研究的重要價值在於，確定眾多北魏軍鎮在今天的方位以及軍鎮所在地的自然地理環境。

第四是墓誌文獻。自 20 世紀初至今，由於考古的進展，北魏至隋代墓誌陸續整理與公布，為探究北魏歷史、尤其是北魏軍鎮問題提供了重要的考古資料。如趙超先生的《漢魏南北朝墓誌彙編》、羅新與葉煒的《新出魏晉南北朝墓誌疏證》、洛陽市文物管理局的《洛陽出土少數民族墓誌彙編》、韓理洲的《全北魏東魏西魏文補遺》與《全北齊北周文補遺》。將北朝、隋代墓誌與正史文獻互校，可發現北朝、隋代墓誌所載信息大部分真實可靠，甚至部分墓誌所記載的歷史信息遠較正史文獻詳細。所以，墓誌相對於正史文獻的顯著與不可替代的優勢在於歷史信息記載的原始性與真實性、系統性。刊刻於北魏、北齊、北周、隋代的墓誌均以記載墓主人家世背景、墓主人仕宦經歷為核心，這些成為洞悉北魏軍鎮鎮將選拔等問題的重要資料，對於深入瞭解北魏軍鎮相關問題大有裨益。

二、研究方法

首先，運用王國維先生提出的「二重證據法」。具體而言，就是將正史文獻與出土文獻即墓誌互證、互校，對墓誌進行全面的分析，深入發掘墓誌所蘊含的北魏軍鎮置廢、軍鎮地位等深層歷史信息。

其次，運用精確的分類統計與量化分析法。具體做法就是，以北魏時期胡漢交融為歷史背景，對正史文獻與墓誌所記載的北魏軍鎮鎮將，進行族屬的劃分；然後對北魏不同皇帝在位時期，出身胡族與漢族的鎮將所佔比例進行計算，比較胡族與漢族鎮將勢力的強弱。透視北魏統治者在對地方進行軍政管理時，對統治集團中的胡族成員與漢族成員的倚重問題、胡漢成員在軍鎮系統所佔地位問題，洞察胡漢成員在不同時期軍鎮系統中地位變化的深層原因。

第三，多學科研究方法的交叉使用。綜合運用歷史學、考古學、歷史地理學的研究方法，從多重角度洞察北魏軍鎮相關問題。

第一章　正史文獻與墓誌所見北魏軍鎮

　　論及軍鎮，人們一般會將目光聚集於影響北魏與漠北游牧民族關係、乃至北魏歷史走向的「北魏六鎮」，即學界通常所認為的沃野、懷朔、武川、撫冥、柔玄與懷荒這些分布於北魏北部邊疆地區的軍事重鎮。但仔細查閱文獻，便可發現，軍鎮自十六國時期便出現在北方局部地區。也就是說，軍鎮非北魏獨有。北魏繼承十六國部分政權的軍鎮制度後，將其逐步推行於北方地區，並使其逐步趨於完善。

　　《魏書》卷三《明元帝紀》載：

　　　　（泰常二年九月）姚泓匈奴鎮將姚成都與弟和都舉鎮來降。

　　《魏書》卷八四《儒林·常爽傳》載：

　　　　常爽，字仕明……父坦，乞伏世鎮遠將軍、大夏鎮將、顯美侯。

　　《晉書》卷一一八《姚興載記下》載：

　　　　興以勃勃、乾歸作亂西北，傉檀、蒙遜擅兵河右，疇咨將帥之臣，欲鎮撫二方。隴東太守郭播言于興曰：「嶺北二州鎮戶皆數萬，若得文武之才以綏撫之，足以靖塞姦略。」

　　《晉書》卷一一九《姚泓載記》載：

　　　　姚紹聞王師之至，還長安，言于泓曰：「晉師已過許昌，豫州、安定孤遠，卒難救衛，宜邊諸鎮戶內實京畿，可得精兵十萬，足以橫行天下。假使二寇交侵，無深害也。如其不爾，晉侵豫州，勃勃

寇安定者，將若之何！事機已至，宜在速決。」

以上諸史料皆表明：首先，軍鎮制度在十六國後期就已普遍實行；當時軍鎮兼具軍事鎮戍與管理軍戶、降附者的職能。其次，十六國後期的軍鎮主要設置於部分政權的邊疆險要之地，以加強邊疆防禦。

北魏與後秦、大夏皆有和戰關係，對後秦等設置軍鎮以加強防守的制度自然非常熟悉。因此，自北魏建立之後，北魏統治者便承襲後秦等的軍鎮制度，在邊疆與內地衝要之地，置鎮以戍守、加強對當地的控制。

《太平寰宇記》卷三五《關西道十一·坊州》載：

> 《禹貢》雍州之域，古白翟之國。秦屬內史……故此為中部郡焉……魏、晉陷于狄，不置郡縣。劉、石、符、姚時，於今州理西七里置杏城鎮，常以重兵守之。後魏文帝改鎮為東秦州，孝明改為北華州，廢帝改為鄜州。

《元和郡縣圖志》卷三《關內道三·丹州》載：

> 《禹貢》雍州之域，春秋時為白翟所居。秦置三十六郡，屬上郡。漢因之。魏文帝省上郡。其地晉時戎狄居之，符、姚時為三堡鎮。後魏文帝大統三年，割鄜、延二州地置汾州，理三堡鎮。廢帝以河東汾州同名，改為丹州，因丹陽川為名，領義川、樂川縣。

以上史料反映出，部分源於十六國政權如後秦的軍鎮後來直接為北魏所繼承。

北魏最早於何時設置軍鎮，可從以下史料進行探討。《魏書》卷一八《太武五王·廣陽王建傳附元深傳》載：

> 皇始以移防為重，盛簡親賢，擁麾作鎮，配以高門子弟，以死防遏，不但不廢仕宦，至乃偏得復除。當時人物，忻慕為之。

《魏書》卷一〇六上《地形志上》載：

> 肆州。治九原。天賜二年為鎮，真君七年置州。

根據上述史料，本文審慎認為，至少在北魏道武帝皇始至天賜年間，北魏首先於邊疆要地置鎮固守。隨著北魏對北方地區的統一，軍鎮制度逐漸由邊疆向中原推廣。

第一節　北方地區軍鎮

1. 北魏六鎮

始光二年（425）和神䴥二年（429），北魏太武帝發動了兩次對柔然的大規模軍事進攻，使柔然實力大為削弱。與此同時，隨著北魏對北方的逐步統一，國家綜合力量亦逐漸增強，北魏對陰山以北地區的控制力有了明顯提高。在此背景下，為將北部邊疆防線穩固地推進到陰山以北、鞏固北部邊防，北魏太武帝下令在陰山一線設置六鎮。由《魏書》卷三〇《來大千傳》所載「延和（432～434）初，車駕北伐，（來）大千為前鋒，大破虜軍。世祖以其壯勇，數有戰功，兼悉北境險要，詔大千巡撫六鎮，以防寇虜。經略布置，甚得事宜」，既然延和初期，北魏太武帝令來大千巡視六鎮，本文認為，在始光至神䴥年間，六鎮就已設置。

學界將沃野、懷朔、武川、撫冥、柔玄、懷荒視為六鎮的觀點，繼承自清代學者沈垚在《六鎮釋》〔註1〕的論述。

（1）沃野鎮

《魏書》卷三八《刁雍傳》載太平真君七年（446），刁雍在給太武帝的奏章中曾說：

> 奉詔高平、安定、統萬及臣所守（薄骨律鎮）四鎮，出車五千乘，運屯穀五十萬斛付沃野鎮，以供軍糧。

由沃野鎮所需給養量之大，足見沃野鎮為北魏六鎮西部地區的重要軍鎮且沃野鎮駐防軍事力量規模亦較龐大。

關於沃野鎮之地望，有如下幾條史料可作為探討之依憑。

《元和郡縣圖志》卷四《關內道四·天德軍》載：

> 沃野故城，在軍城北六十里，即是後魏時六鎮從西第一鎮。

《太平寰宇記》卷四九《河東道十·雲州》引《入塞圖》：

> 從平城西北行五百里至雲中，又西北五十里至五原，又西北行二百五十里至沃野鎮，又西北行二百五十里至高闕，又西北行二百五十里至郎君戍，又直北三千里至燕然山，又北行千里至瀚海。

《新唐書》卷四三下《地理志七下·羈縻州》載：

〔註1〕沈垚：《落帆樓文集》卷一《六鎮釋》//《續修四庫全書》編纂委員會：《續修四庫全書·集部·別集類》第1525冊，上海：上海古籍出版社，2013年，第361頁。

夏州北渡烏水，經賀麟澤、拔利干澤，過沙，次內橫劃、沃野泊、長澤、白城，百二十里至可朱渾水源。又經故陽城澤、橫劃北門、突紇利泊、石子嶺，百餘里至阿頹泉。又經大非苦鹽池，六十六里至賀蘭驛。又經庫也干泊、彌鵝泊、榆祿渾泊，百餘里至地頹澤。又經步拙泉故城，八十八里渡烏那水，經胡洛鹽池、紇伏干泉，四十八里度庫結沙，一曰普納沙，二十八里過橫水，五十九里至十賁故城，又十里至寧遠鎮。又涉屯根水，五十里至安樂戍，戍在河西壖，其東壖有古大同城。今大同城故永濟柵也。北經大泊，十七里至金河。又經故後魏沃野鎮城，傍金河，過古長城，九十二里至吐俱麟川。

上述史料成為後來學界探討北魏沃野鎮城址的依據所在。按照上述史料，北魏沃野鎮城在唐代天德軍城北六十里，而唐代天德軍城經歷了三次遷徙，故學界多數人亦認為北魏沃野鎮城也隨之經歷三次遷徙。

唐長儒先生根據《魏書》、《元和郡縣圖志》、《太平寰宇記》、《資治通鑒》、《水經注》等文獻中有關沃野鎮鎮城遷徙變化的相關記載，在《北魏沃野鎮的遷徙》一文中認為北魏時期沃野鎮鎮城經歷三次遷徙，「沃野鎮始置實在漢沃野縣故城（今內蒙臨河縣西），太和十年（486）遷於漢朔方故城（今內蒙杭錦旗北），正始元年（504）又遷於唐天德軍北（今內蒙五原東北）」[註2]。

內蒙古自治區文物考古研究所經過對巴彥淖爾東部實地調查認為，「沃野鎮始置於漢沃野縣故城，即今內蒙古臨河區西南。太和十年，遷至漢朔方故城，今杭錦旗東北的什拉召地區」，後又遷至烏拉特前旗大佘太鎮地區，今蘇獨侖鄉根子場城址為「北魏沃野鎮故城」，該城址位於烏蘭特前期大佘太鎮根子場村西南 0.5 公里[註3]。

唐長儒先生與內蒙古自治區文物考古研究所關於沃野鎮地望變化的觀點是大體是一致的。

沃野鎮第三次遷徙後的城址，「地處黃河衝擊平原，北依狼山，南臨烏梁素海」，可見沃野鎮所處之位置非常重要，可謂北魏六鎮中一重要軍鎮。

〔註2〕唐長儒：《北魏沃野鎮的遷徙》，載《華中師院學報》，1979 年第 3 期，第 32 頁。

〔註3〕內蒙古自治區文物考古研究所：《內蒙古文化遺產叢書·巴彥淖爾文化遺產·魏晉北朝時期》，北京：文物出版社，2014 年，第 216～217 頁。

圖1.1　根子場城址（北魏沃野鎮古城）〔註4〕

圖1.2　北魏沃野鎮分布位置圖

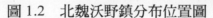

底圖來源於《內蒙古自治區長城資源調查報告・北魏長城卷》之地圖一內蒙古自治區
北魏長城資源分布圖。

〔註4〕轉引自內蒙古自治區文物考古研究所：《內蒙古文化遺產叢書・巴彥淖爾文化
遺產・魏晉北朝時期》，北京：文物出版社，2014年，第217頁。

（2）懷朔鎮

《魏書》卷一〇六上《地形志上》載：

> 朔州。本漢五原郡，延和二年置為鎮，後改為懷朔，孝昌中改
> 為州。後陷，今寄治并州界。

根據上述史料，同時結合《魏書》有關道武帝前期北魏在北方拓地之相關史實，可以看出：首先，道武帝登國年間，北魏逐漸控制了五原一帶，如登國六年（391），「九月，帝襲五原，屠之。收其積穀，還紐垤川，於梱楊塞北，樹碑記功」，「十有一月戊辰，還幸紐垤川。戊寅，衛辰遣子直力鞮寇南部。己卯，車駕出討。壬午，大破直力鞮軍於鐵歧山南，獲其器械輜重，牛羊二十餘萬。戊子，自五原金津南渡河。辛卯，次其所居悅跋城，衛辰父子奔遁。壬辰，詔諸將追之，擒直力鞮」；登國九年（394），「三月，帝北巡。使東平公元儀屯田於河北五原，至於梱楊塞外」。其次，懷朔鎮前身為五原鎮，太武帝延和二年（433）設置，不久即改為懷朔鎮。

關於懷朔鎮地望，主要有以下三條史料。

《水經注》卷三《河水注》載：

> 河水又東流，石門水南注之，水出石門山。《地理志》曰：北出
> 石門鄣。即此山也。西北趣光祿城。甘露三年，呼韓邪單于還，詔遣
> 長樂衛尉高昌侯董忠、車騎都尉韓昌等，將萬六千騎，送單于居幕南。
> 保光祿徐自為所築城也，故城得其名矣。城東北，即懷朔鎮城也。

> 芒干水又西，塞水出懷朔鎮東北芒中，南流逕廣德殿西山下。
> 余以太和十八年，從高祖北巡，屆於陰山之講武臺。

《元和郡縣圖志》卷四《關內道四·天德軍》載：

> 武川城，今名里城，後魏六鎮從西第三鎮，在軍北三百里。自
> 北出石門障即光祿城，右入匈奴大路。

> 光祿城東北有懷朔古城，其城即後魏六鎮從西第二鎮，在今中
> 城界向北化柵側近也。

學者根據上述史料中有關懷朔地望之記載，認為內蒙古包頭市固陽縣白靈淖鄉城圐圙村西南城圐圙古城即為懷朔鎮城所在[註5]。懷朔鎮城遺址，東牆長 934 米，南牆長 1416 米，西牆長 1167 米，北牆長 1150 米；「南依陰

〔註5〕內蒙古自治區文物考古研究所：《內蒙古文化遺產叢書·包頭文化遺產·魏晉北朝隋唐時期》，北京：文物出版社，2014 年，第 137 頁。

山，北倚蒙古高原，西南 40 公里為北魏時期中原穿越陰山的咽喉要道稒陽道。由城址東行 60 公里是北魏的武川鎮故城，沿陰山北麓西去 75 公里即可達北魏沃野鎮故城」[註6]。北魏懷朔鎮城址規模是目前已探明北魏北部邊疆軍鎮城址規模最大者，其地處交通要衝，因此可謂北魏北部邊疆的核心軍鎮。

圖 1.3　北魏懷朔鎮東城牆 [註7]

圖 1.4　白靈淖城圐圙古城平面圖 [註8]

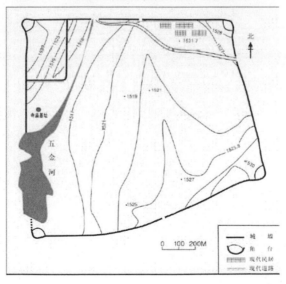

[註6] 內蒙古自治區文物考古研究所：《內蒙古文化遺產叢書‧包頭文化遺產‧魏晉北朝隋唐時期》，北京：文物出版社，2014 年，第 138 頁。

[註7] 轉引自內蒙古自治區文物考古研究所：《內蒙古文化遺產叢書‧包頭文化遺產‧魏晉北朝隋唐時期》，北京：文物出版社，2014 年，第 137 頁。

[註8] 轉引自張文平、苗潤華：《長城資源調查對於北魏長城及六鎮鎮戍遺址的新認識》，載《陰山學刊》，2014 年第 6 期，圖 6 白靈淖城圐圙古城平面圖，第 26 頁。

圖1.5　北魏懷朔鎮分布位置圖

底圖來源於《內蒙古自治區長城資源調查報告·北魏長城卷》之地圖一內蒙古自治區北魏長城資源分布圖。

（3）武川鎮

《魏書》卷一五《昭成子孫·遼西公意烈傳附拓跋叱奴傳》載：

> 子叱奴，武川鎮將。

按傳記中拓跋叱奴曾祖拓跋意烈、祖父拓跋拔干、父拓跋受洛在北魏的活動時間，拓跋叱奴應在太武帝時期任武川鎮將。

《魏書》卷七下《孝文帝紀下》載：

> （太和十八年八月，孝文帝）甲辰，行幸陰山，觀雲川。丁未，幸閱武臺，臨觀講武。癸丑，幸懷朔鎮。己未，幸武川鎮。辛酉，幸撫冥鎮。甲子，幸柔玄鎮。

《元和郡縣圖志》卷四《關內道四·天德軍》載：

> 武川城，今名里城，後魏六鎮從西第三鎮，在軍北三百里。自北出石門障即光祿城，右入匈奴大路。

《水經注》卷三《河水注》載：

> 其水又西南入芒干水。芒干水又西南逕白道南谷口，有城在右，縈帶長城，背山面澤，謂之白道城。自城北出有高阪，謂之白道嶺。

沿路惟土穴，出泉，挹之不窮……顧瞻左右，山椒之上，有垣若頹
基焉。沿溪互嶺，東西無極，疑趙武靈王之所築也。芒干水又西南，
逕雲中城北，白道中溪水注之，水發源武川北塞中，其水南流，逕
武川鎮城，城以景明中築，以禦北狄矣。

根據上述史料可知：首先，武川鎮在懷朔鎮之東。其次，《水經注》所載
「武川鎮城，城以景明中築」，較之於《魏書》卷四一《源賀傳附源懷傳》載
正始元年「（源）懷旋至恒代，案視諸鎮左右要害之地，可以築城置戍之處。
皆量其高下，揣其厚薄，及儲糧積仗之宜，犬牙相救之勢，凡表五十八條……
世宗從之。今北鎮諸戍東西九城是也」，本文審慎認為《水經注》所載「武川
鎮城」應為宣武帝時期所修築「九城」之一。第三，武川鎮在白道嶺以北，進
一步說，應在陰山以北。有學者根據《魏書》《水經注》相關記載，認為呼和
浩特境內烏蘭不浪土城梁古城即北魏武川鎮城所在〔註9〕。

圖 1.6　內蒙古大青山後漢魏古城遺址位置圖〔註10〕

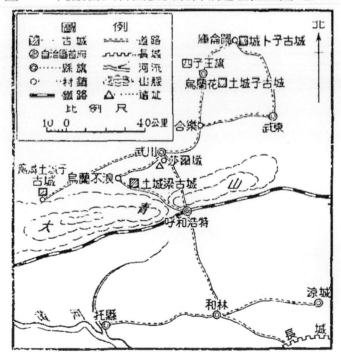

〔註9〕張郁：《內蒙古大青山後東漢北魏古城遺址調查記》，載《考古通訊》，1958 年
　　　第 3 期，第 21 頁。
〔註10〕轉引自張郁：《內蒙古大青山後東漢北魏古城遺址調查記》，載《考古通訊》，
　　　1958 年第 3 期，圖一內蒙古大青山後漢魏古城遺址位置圖，第 15 頁。

圖 1.7　北魏武川鎮分布位置圖

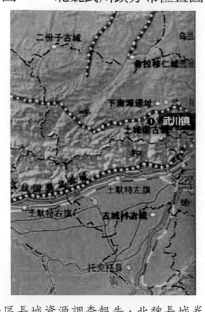

底圖來源於《內蒙古自治區長城資源調查報告・北魏長城卷》之地圖一內蒙古自治區北魏長城資源分布圖。

（4）撫冥鎮

《魏書》卷一六《道武七王・京兆王黎傳附元繼傳》與《元繼墓誌》載元繼、《魏書》卷一九下《景穆十二王下・安定王休傳》載元休、《魏書》卷二七《穆崇傳》載元業任撫冥鎮將均在孝文帝時期。這是撫冥鎮見於史籍的最早記載。

《魏書》卷七下《孝文帝紀下》載：

（太和十八年八月，孝文帝）甲辰，行幸陰山，觀雲川。丁未，幸閱武臺，臨觀講武。癸丑，幸懷朔鎮。己未，幸武川鎮。辛酉，幸撫冥鎮。甲子，幸柔玄鎮。

由孝文帝巡行北部邊疆軍鎮的順序與路線，可知撫冥鎮在武川鎮之東。

考古學者經過實地調查，確定內蒙古自治區烏蘭察布盟四子王旗烏蘭花鎮土城子村西南土城子古城即為撫冥鎮鎮城所在〔註 11〕。土城子古城「坐落在陰山北部內蒙古高原丘陵地帶。城址東側為平坦開闊的小平原，遠處為陰山餘脈的筆架山西緣。南、北、西均為丘陵山梁」，「城址由主城和套城組成」、

─────────────

〔註 11〕內蒙古自治區文物考古研究所：《內蒙古文化遺產叢書・烏蘭察布文化遺產・魏晉北朝時期》，北京：文物出版社，2014 年，第 123 頁。

「主城大致呈正方形，東西長約 912、南北長約 921 米」〔註12〕。由此可見撫冥鎮鎮城地處衝要之地、規模較大，亦為北魏六鎮中的重要軍鎮。

圖 1.8　撫冥鎮故城圖〔註13〕

（5）柔玄鎮

《魏書》卷四四《羅結傳附羅斤傳》載：

（太武帝）後平涼州，攻城野戰，多有克捷，以功賜爵帶方公，除長安鎮都大將。會蠕蠕侵境，馳驛徵還，除柔玄鎮都大將。

上述史料表明柔玄鎮在太武帝時就已設置。上述史料記載柔然南侵時，太武帝緊急徵調羅斤駐防柔玄，表明柔玄鎮在抵禦柔然南下中扮演著重要角色。

《魏書》卷一六《道武七王·京兆王黎傳附元繼傳》又載：

高祖時，除使持節、安北將軍、撫冥鎮都大將，轉都督柔玄、撫冥、懷荒三鎮諸軍事、鎮北將軍、柔玄鎮大將。

據此，以柔玄鎮將統率撫冥鎮與懷荒鎮軍事力量，反映出柔玄鎮為北魏六鎮東部的核心軍鎮。

關於柔玄鎮地望，史料有如下記載。

《魏書》卷七下《孝文帝紀下》載：

（太和十八年八月，孝文帝）甲辰，行幸陰山，觀雲川。丁未，幸閱武臺，臨觀講武。癸丑，幸懷朔鎮。己未，幸武川鎮。辛酉，幸撫冥鎮。甲子，幸柔玄鎮。

〔註12〕內蒙古自治區文物考古研究所：《內蒙古文化遺產叢書·烏蘭察布文化遺產·魏晉北朝時期》，北京：文物出版社，2014 年，第 122 頁。

〔註13〕轉引自內蒙古自治區文物考古研究所：《內蒙古文化遺產叢書·烏蘭察布文化遺產·魏晉北朝時期》，北京：文物出版社，2014 年，第 122～123 頁。

《資治通鑒》卷一三九南齊建武元年載：

> （八月）癸丑，魏主如懷朔鎮；己未，如武川鎮；辛酉，如撫
> 宜鎮；甲子，如柔玄鎮。
>
> 胡三省注：此六鎮自西徂東之次第也。水經注：懷朔鎮城在漢
> 光祿城東北。考其地當在漢五原稒陽塞外。杜佑曰：在馬邑郡北三
> 百餘里。武川鎮城在白道中溪水上。白道在陰山之北，又北出大漠。
> 柔玄鎮在于延水東。于延水出塞外柔玄鎮西長川城南小山，東南流，
> 逕漢代郡且如縣故城南，則魏柔玄鎮城在漢且如縣西北塞外也……
> 撫冥鎮城，未考其地。若以前說六鎮自五原抵濡源分置於三千里中，
> 則撫冥當在武川、柔玄之間，相距各五百里；據前高閭之說，則相
> 距各一百七十許里耳。按北史，「宜」當作「冥」。

《資治通鑒》卷一四九梁普通四年載：

> 夏，四月，魏元孚持白虎幡勞阿那瓌於柔玄、懷荒二鎮之間。
>
> 胡三省注：懷荒鎮在柔玄鎮之東，禦夷鎮之西。

根據《資治通鑒》，柔玄鎮在撫冥鎮之東、懷荒鎮之西。

考古學者根據考古調查，認為內蒙古自治區烏蘭察布盟察右後旗韓勿拉河流域克里孟故城即北魏柔玄鎮城所在〔註14〕。克里孟古城「位於察哈爾右翼後旗烏蘭哈達蘇木克里孟嘎查北 300 米處，坐落在陰山山脈的北部，韓勿拉山系的西緣中段。南部約 5 公里處是灰騰梁的東北尾端，東南是灰騰梁與韓勿拉山的隔離帶」〔註15〕。又由於柔玄鎮控制著由草原經陰山南入中原的重要交通孔道，即二連浩特磧口，足見柔玄鎮地處交通樞紐、地勢衝要之地〔註16〕。

「克里孟古城東窄西寬呈梯形，南北兩邊都長於東西兩邊……城內分為東西兩城。東牆坐落於坡頂，南段長 160 米……南牆長 1508 米……西城牆長 700 米……北城牆長 1520 米」〔註17〕。可見柔玄鎮鎮城規模亦較大。

〔註14〕張文平、袁永明主編：《輝騰錫勒草原訪古》，北京：文物出版社，2017 年，第 127 頁。

〔註15〕內蒙古自治區文物考古研究所：《內蒙古文化遺產叢書·烏蘭察布文化遺產·魏晉北朝時期》，北京：文物出版社，2014 年，第 117 頁。

〔註16〕鮑桐：《北魏北疆幾個歷史地理問題的探索》，載《中國歷史地理論叢》，1999 年第 3 期，第 72 頁。

〔註17〕內蒙古自治區文物考古研究所：《內蒙古文化遺產叢書·烏蘭察布文化遺產·魏晉北朝時期》，北京：文物出版社，2014 年，第 118 頁。

圖 1.9　克里孟古城全景圖〔註18〕

圖 1.10　北魏撫冥鎮、柔玄鎮分布位置圖

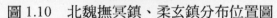

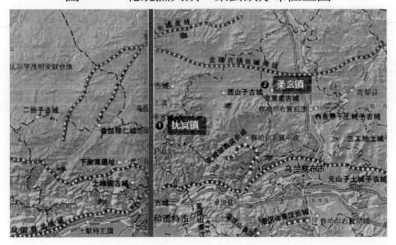

底圖來源於《內蒙古自治區長城資源調查報告·北魏長城卷》之地圖一內蒙古自治區
北魏長城資源分布圖。

（6）懷荒鎮

《魏書》卷四〇《陸俟傳》載：

　　　出為平東將軍、懷荒鎮大將。末期，諸高車莫弗訟俟嚴急，待

　　下無恩，還請前鎮將郎孤。世祖詔許之，征俟還京。

〔註18〕轉引自內蒙古自治區文物考古研究所：《內蒙古文化遺產叢書·烏蘭察布文化
　　　遺產·魏晉北朝時期》，北京：文物出版社，2014 年，克里孟古城全景，第
　　　117 頁。

世祖征蠕蠕，破涼州，常隨駕別督輜重。

《魏書》卷一六《道武七王·陽平王熙傳附拓跋比陵傳》載：

太延五年為司空，賜爵牂牁公。除安遠將軍、懷荒鎮大將。

上述史料是關於懷荒鎮的最早記載。根據以上史料並結合《魏書》卷三〇《來大千傳》所載「延和（432～434）初，車駕北伐，（來）大千為前鋒，大破虜軍。世祖以其壯勇，數有戰功，兼悉北境險要，詔大千巡撫六鎮，以防寇虜。經略布置，甚得事宜」，本文認為懷荒鎮至遲應設置於北魏太武帝延和初期。

關於懷荒鎮地望，史料有以下記載。

《資治通鑑》卷一二二宋元嘉十年載：

（二月）魏主徵陸俟為散騎常侍，出為懷荒鎮大將。

胡三省注：懷荒鎮，魏降高車所置六鎮之一也。

《資治通鑑》卷一四九梁普通四年載：

夏，四月，魏元孚持白虎幡勞阿那瓌於柔玄、懷荒二鎮之間。

胡三省注：懷荒鎮在柔玄鎮之東，禦夷鎮之西。

（四月）武衛將軍于景，忠之弟也，謀廢叉，又黜為懷荒鎮將。

胡三省注引宋白曰：後魏懷荒、禦夷二鎮皆在蔚州界。

《資治通鑑》卷二五三唐乾符五年載：

（正月）振武節度使李國昌之子克用為沙陀副兵馬使，戍蔚州。

胡三省注引宋白曰：蔚州，秦、趙間亦為代郡之地，後魏置懷荒、禦夷二鎮於此。

根據上述史料，懷荒鎮在柔玄鎮之東、禦夷鎮之西。

有考古學者經過考古實地調查認為「河北省尚義縣哈拉溝古城」〔註19〕為懷荒鎮鎮城所在。有學者以河北省北部張北縣南緣為陰山東部之尾、存在隘口天險以及東部、西部山巒綿延，因此認為張北地區應為懷荒鎮鎮城所在地〔註20〕。北魏太武帝設置六鎮，主要原則就是依託山川險阻、在衝要之地置鎮，按此考量，本文審慎認為懷荒鎮鎮城所在，應在河北省張北縣地區。

〔註19〕張文平、袁永明主編：《輝騰錫勒草原訪古》，北京：文物出版社，2017年，第133頁。

〔註20〕鮑桐：《北魏北疆幾個歷史地理問題的探索》，載《中國歷史地理論叢》，1999年第3期，第69頁。

圖 1.11　北魏沃野、懷朔、武川鎮形勢圖〔註21〕

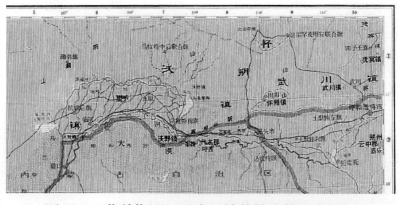

圖 1.12　北魏撫冥、柔玄、懷荒鎮形勢圖〔註22〕

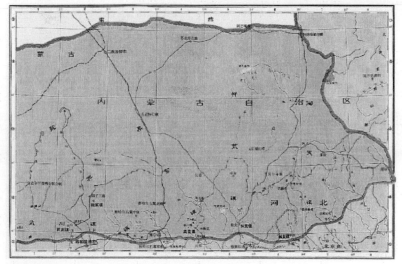

2. 雲中鎮

《魏書》卷三七《司馬楚之傳》載：

　　（司馬楚之）尋拜假節、侍中、鎮西大將軍、開府儀同三司、雲中鎮大將、朔州刺史，王如故。在邊二十餘年，以清儉著聞。和平五年薨，時年七十五。

根據上述史料，司馬楚之在太武帝太平真君年間就已任雲中鎮將。這是

〔註21〕譚其驤主編：《中國歷史地圖集·東晉十六國南北朝時期》，北京：中國地圖出版社，1982 年，截取自北魏「雍、秦、豳、夏等州，沃野、薄骨律等鎮」圖，第 54～55 頁。

〔註22〕譚其驤主編：《中國歷史地圖集·東晉十六國南北朝時期》，北京：中國地圖出版社，1982 年，截取自北魏「武川、禦夷等鎮」圖，第 53 頁。

目前史料所載之最早任雲中鎮將者。

　　但《魏書》卷三〇《安同傳附安原傳》又載：

　　　　太宗時為獵郎，出監雲中軍事。時赫連屈丐犯河西，原以數十
　　騎擊之，殺十餘人。太宗以原輕敵，違節度，加其罪責。然知原驍
　　勇，遂任以為將，鎮守雲中，寬和愛下，甚得眾心。蠕蠕屢犯塞，
　　原輒摧破之……世祖即位，徵拜駕部尚書。

　　安原為「將」而鎮守雲中，則安原之所任應為雲中鎮將。〔註23〕進而可
知，雲中鎮在明元帝時期就已設置。

　　雲中鎮，位於今內蒙古自治區呼和浩特南部托克托地區。

圖 1.13　　北魏雲中鎮圖〔註24〕

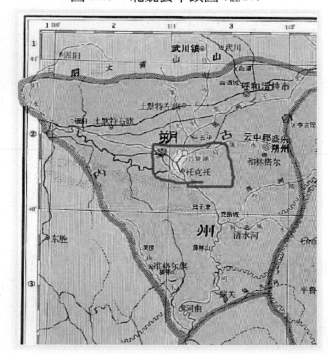

根據《魏書》等，截取自《中國歷史地圖集》之北魏「并、肆、恒、朔等州」圖。圖
中標識之區域，為雲中鎮可能涉及之區域。

〔註23〕嚴耕望先生亦根據《魏書》中安原傳相關記載，在《中國地方行政制度史·
　　　　魏晉南北朝地方行政制度》卷下《北朝地方行政制度》第十一章《北魏軍鎮》
　　　　中認為「太宗（明元帝）時已置雲中鎮」。
〔註24〕譚其驤主編：《中國歷史地圖集·東晉十六國南北朝時期》，北京：中國地圖
　　　　出版社，1982 年，截取自北魏「并、肆、恒、朔等州」圖，第 52 頁。

3. 白道鎮

《魏書》、《北史》等未載北魏設置白道鎮，白道鎮僅見於墓誌記載。

《鄭子尚墓誌》云：

> 祖萬，白道鎮將、雲中太守……父乾，潼郡、安陽二郡太守……
> 春秋五十七，以武平五年五月廿一日喪於伐□城。即以十二月廿三
> 日遷葬於鄴城西南廿五里。

按鄭子尚卒於北齊後主武平五年（574），卒時五十六，則鄭子尚生於北魏孝明帝神龜元年（518）。據此，本文審慎認為，鄭子尚祖父鄭萬約在北魏宣武帝後期至孝明帝前期任白道鎮將。

圖 1.14　北魏白道鎮圖〔註25〕

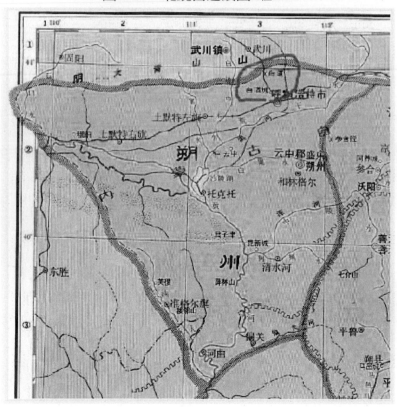

根據《魏書》等，截取自《中國歷史地圖集》之北魏「并、肆、恒、朔等州」圖。圖中標識之區域，為白道鎮可能涉及之區域。

〔註25〕譚其驤主編：《中國歷史地圖集・東晉十六國南北朝時期》，北京：中國地圖出版社，1982 年，截取自北魏「并、肆、恒、朔等州」圖，第 52 頁。

今內蒙古自治區呼和浩特西北攸攸板壩口子村壩口子古城為北魏白道城〔註26〕，呼和浩特西北攸攸板壩底村附近蜿蜒壩白色道路為白道、白道南北走向的山嶺為白道嶺〔註27〕。

圖1.15　北魏白道鎮及附近軍鎮、山川形勢圖〔註28〕

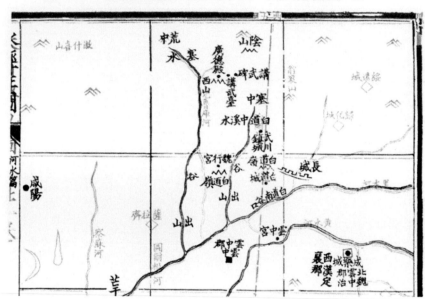

4. 平城鎮

《北史》卷一五《昭成子孫‧常山王遵傳附元淑傳》載：

> 孝文時，（元淑）為河東太守。河東俗多商賈，罕事農桑，人至有年三十不識耒耜。淑下車勸課，躬往教示，二年間，家給人足，為之謠曰：「泰州河東，杼柚代舂。元公至止。田疇始理。」卒於平城鎮將。

元淑任平城鎮將，應在孝文帝太和後期，特別是在孝文帝遷都洛陽以後。也就是說，平城鎮應設置於孝文帝太和末期。

另據《元朗墓誌》云：

〔註26〕蘇哲：《內蒙古土默特川、大青山的北魏鎮戍遺跡》//北京大學中國傳統文化研究中心：《北京大學百年國學文萃‧考古卷》，北京：北京大學出版社，1998年，第642頁。

〔註27〕汪宇平：《從〈水經注〉的論述看呼和浩特市郊北部的山川形勢和文物古蹟》//閻文儒、陳玉龍：《向達先生紀念論文集》，烏魯木齊：新疆人民出版社，1986年，第785～786頁。

〔註28〕（清）楊守敬等編繪：《水經注圖》，北京：中華書局，2009年，第117頁。

　　朝廷以平城舊都，形勝之會，南據獫狁之前，東連肅貊之左，
保境寧民，實擬賢戚，乃除君持節、征虜將軍、平城鎮將。君遂禦
夷狄以威權，導民庶以禮信。其時十餘年間，凶奴不敢南面如坐者，
殆君之由矣。逮神龜二年，以母憂去職。

　　至孝明帝神龜二年（519），元朗任職平城鎮將已有十年，則元朗在宣武
帝永平三年（510）始任平城鎮將。志文「朝廷以平城舊都，形勝之會，南據
獫狁之前，東連肅貊之左」實際上反映出，北魏孝文帝雖然遷都洛陽、把關
注重心集中於南方，但孝文帝及其繼任者宣武帝對佔據山險之利、地處邊疆
要地的舊都平城地區的防守，還是非常重視的。

圖 1.16　北魏平城鎮圖〔註29〕

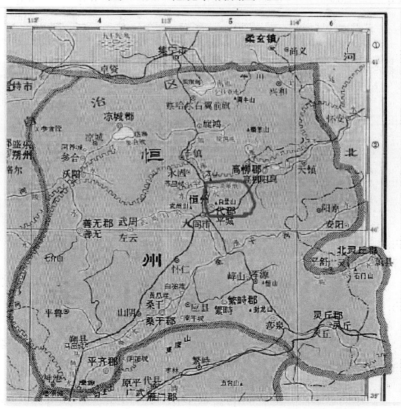

根據《魏書》等，截取自《中國歷史地圖集》之北魏「并、肆、恒、朔等州」圖。圖
中標識之區域，為平城鎮可能涉及之區域。

〔註29〕譚其驤主編：《中國歷史地圖集‧東晉十六國南北朝時期》，北京：中國地圖
　　　　出版社，1982年，截取自北魏「并、肆、恒、朔等州」圖，第52頁。

5. 赤城鎮

《魏書》卷五二《趙逸傳》載：

> 神䴥三年三月上巳，帝幸白虎殿，命百僚賦詩，逸製詩序，時稱為善。久之，拜寧朔將軍、赤城鎮將，綏和荒服，十有餘年，百姓安之。

根據上述史料，至遲在北魏太武帝神䴥時，赤城鎮就已設置。

《魏書》卷八三上《外戚上·賀訥傳》載：

> 太祖討吐突隣部，訥兄弟遂懷異圖，率諸部救之。帝擊之，大潰，訥西遁。衛辰遣子直力鞮征訥。訥告急請降，太祖簡精騎二十萬救之。遂徙訥部落及諸弟處之東界。訥又通於慕容垂，垂以訥為歸善王。染干謀殺訥而代立，訥遂與染干相攻。垂遣子麟討之，敗染干於牛都，破訥於赤城。太祖遣師救訥，麟乃引退。

《魏書》卷二《道武帝紀》載登國二年至登國四年道武帝東巡、東征與北征之行進路線：

> （登國二年）十一月，遂幸赤城。
>
> 十有二月，巡松漠，還幸牛川。
>
> （登國）三年春二月，帝東巡。
>
> 夏四月，幸東赤城。
>
> 五月癸亥，北征庫莫奚。六月，大破之，獲其四部雜畜十餘萬。渡弱落水。班賞將士各有差。
>
> 秋七月庚申，庫莫部帥鳩集遺散，夜犯行宮。縱騎撲討，盡殺之。其月，帝還赤城。
>
> （登國）四年春正月甲寅，襲高車諸部落，大破之。
>
> 二月癸巳，至女水，討叱突隣部，大破之。戊戌，賀染干兄弟率諸部來救，與大軍相遇，逆擊走之。
>
> 夏四月，行還赤城。

《魏書》卷三《明元帝紀》載：

> （泰常八年）二月戊辰，築長城於長川之南，起自赤城，西至五原，延袤二千餘里，備置戍衛。

上述史料表明赤城為北魏東部地區的重要交通樞紐，泰常八年長城最東

端的軍事要地。因此，北魏有必要在當地設置軍鎮以加強當地的防守。

6. 禦夷鎮

《魏書》卷七下《孝文帝紀下》載：

> （太和十八年）八月癸卯，皇太子朝於行宮。甲辰，行幸陰山，觀雲川。丁未，幸閱武臺，臨觀講武。癸丑，幸懷朔鎮。己未，幸武川鎮。辛酉，幸撫冥鎮。甲子，幸柔玄鎮。乙丑，南還。所過皆親見高年，問民疾苦，貧窶孤老賜以粟帛。丙寅，詔六鎮及禦夷城人，年八十以上而無子孫兄弟，終身給其廩粟；七十以上家貧者，各賜粟十斛。

《水經注》卷一四《沽河注》載：

> 沽河出禦夷鎮西北九十里丹花嶺下，東南流，大谷水注之。水發鎮北大谷溪，西南流，逕獨石北界，石孤生，不因阿而自峙。又南，九源水注之，水導北川，左右翼注，八川共成一水，故有九源之稱。其水南流至獨石注大谷水。大谷水又南逕獨石西，又南逕禦夷鎮城西，魏太和中，置以捍北狄也。

根據《魏書》與《水經注》所載，禦夷鎮應在北魏孝文帝太和後期設置。

《水經注》關於禦夷鎮城之位置，有如下記載。《水經注》卷一四《沽河注》載：

> 沽河出禦夷鎮西北九十里丹花嶺下，東南流，大谷水注之。水發鎮北大谷溪，西南流，逕獨石北界，石孤生，不因阿而自峙。又南，九源水注之，水導北川，左右翼注，八川共成一水，故有九源之稱。其水南流，至獨石注大谷水。大谷水又南逕獨石西，又南逕禦夷鎮城西，魏太和中，置以捍北狄也。又東南，尖谷水注之，水源出鎮城東北尖溪，西南流逕鎮城東，西南流注大谷水，亂流南注沽水。
>
> 沽水又東南與鵲谷水合，水有二源，南即陽樂水也，出且居縣。《地理志》曰：水出縣東。南流逕大翮山、小翮山北，歷女祁縣故城南。《地理志》曰：東部都尉治，王莽之祁縣也。世謂之橫水，又謂之陽田河。又東南逕一故亭，又東，左與候鹵水合，水出西北山，東南流逕候鹵城北，城在居庸縣西北二百里，故名云

候鹵，太和中更名禦夷鎮。

《水經注》卷一四《鮑丘水注》載：

> 鮑邱水出禦夷北塞中，南流逕九莊嶺東，俗謂之大榆河。又南逕鎮東南九十里西密雲戍西。
>
> 大榆河又東南出峽，逕安州舊漁陽郡之滑鹽縣南，左合縣之北溪水，水出縣北廣長塹南，太和中，掘此以防北狄。其水南流逕滑鹽縣故城東，王莽更名匡德也，漢明帝改曰鹽田，右承治，世謂之斛鹽城，西北去禦夷鎮二百里。南注鮑邱水。

《水經注》卷一四《濡水注》載：

> 濡水出禦夷鎮東南，其水二源雙引，夾山西北流，出山，合成一川。又西北逕禦夷故城東，鎮北百四十里北流，左則連淵水注之，水出故城東，西北流逕故城南，又西北逕潫水池南，池水淵而不流。其水又西屈而北流，又東逕故城北，連結兩沼，謂之連淵浦。又東北注難河，難河右則汙水入焉。水出東塢南，西北流逕沙野南，北人名之曰沙野。鎮東北二百三十里，西北入難河，濡、難聲相近，狄俗語訛耳。

清乾隆八年修二十二年訂補重刊本《宣化府志》卷二《古蹟》載：

> （禦夷鎮）在赤城縣東北。〔註30〕

根據《水經注》中有關沽水、鮑丘水之流向，大致看出禦夷鎮城在獨石口、赤城縣城東北。關於禦夷鎮城之地望，由於目前尚無相關考古發掘，只能確定其大致位置。

但從方志文獻中，可窺探禦夷之疆域。

清乾隆十三年刊本《赤城縣志》卷一《地理志·沿革》載：

> 後魏燕州廣寧郡之北境為赤城及禦夷鎮地。
>
> 禦夷鎮為魏六鎮之一，六鎮俱在塞外，禦夷最東。然據善長注，禦夷城在獨石之南，則仍在塞內。〔註31〕

〔註30〕（清）王廷華修，王者輔等纂：《宣化府志》//《中國方志叢書·塞北地方·察哈爾》（影印本），臺北：成文出版社，1968 年，第 155 頁。

〔註31〕（清）孟思誼纂修：《赤城縣志》//《中國方志叢書·塞北地方·察哈爾》（影印本），臺北：成文出版社，1968 年，第 29 頁。

圖 1.17　禦夷鎮、赤城鎮範圍圖〔註32〕

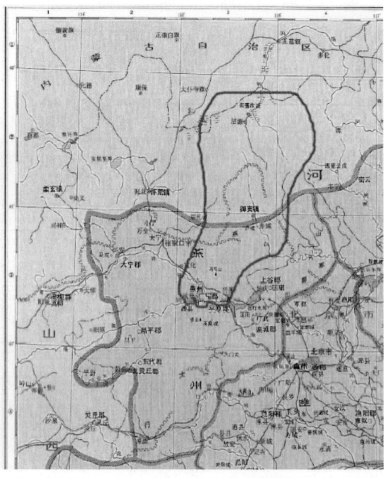

根據《魏書》、《赤城縣志》等，截取自《中國歷史地圖集》之北魏「相、冀、幽、平等州」圖。圖中標識之區域，為禦夷鎮可能涉及之區域。

清乾隆八年修二十二年訂補重刊本《宣化府志》卷二《地理・赤城縣》載：

後魏為赤城及禦夷鎮地。

（赤城）縣為魏廣寧郡之北境，地隸廣寧，可知禦夷為魏六鎮之一，六鎮俱在塞外，禦夷最東。然據善長注，禦夷城在獨石之南，則仍在塞內也。〔註33〕

〔註32〕譚其驤主編：《中國歷史地圖集・東晉十六國南北朝時期》，北京：中國地圖出版社，1982 年，截取自北魏「相、冀、幽、平等州」圖，第 50～51 頁。

〔註33〕（清）王廷華修，王者輔等纂：《宣化府志》//《中國方志叢書・塞北地方・察哈爾》（影印本），臺北：成文出版社，1968 年，第 76 頁。

清乾隆二十三年刊本《口北三廳志》卷一《地輿》載：

> 元魏為柔玄、懷荒、禦夷三鎮地。

> 自開平至赤城，皆禦夷鎮地也。〔註34〕

清光緒十三年廷杰重訂本《承德府志》卷四《建置·灤平縣》載：

> 北魏為安州廣陽郡之廣興縣地。

> 今灤平縣之東境為廣陽郡地……西境為禦夷鎮地。〔註35〕

清光緒十三年廷杰重訂本《承德府志》卷四《建置·興寧縣》載：

> 西南境為禦夷鎮地。〔註36〕

清光緒十三年廷杰重訂本《承德府志》卷一五《山川一》載：

> 禦夷居六鎮之東，自獨石口外至開平皆其故地。〔註37〕

7. 昌平鎮

《周書》卷二七《梁椿傳》載：

> 梁椿字千年，代人也。祖屈朱，魏昌平鎮將。父提，內正郎。

> 椿初以統軍從尒朱榮入洛，復從榮破葛榮於滏口，以軍功進授都將。

根據上述史料所載梁椿先祖所任之胡族與漢族性質職官以及梁春在北魏活躍的時期，梁椿祖父梁屈朱約在獻文帝至孝文帝前期任昌平鎮將。

《太平寰宇記》卷六九《河北道十八·幽州》載：

> 昌平縣，本漢軍都縣，屬上谷郡，後漢改屬廣陽郡。《晉太康地記》云「軍都縣屬燕國。」後魏移軍都縣于今縣東北二十里，即故城在其南也，更于今縣郭城置東燕州及昌平郡昌平縣，後郡廢而縣隸幽州。

> 軍都山，又名居庸山，在縣西北十里。

> 居庸關，在今縣西北。

〔註34〕（清）金志傑原本，黃可潤增修：《口北三廳志》//《中國方志叢書·塞北地方·察哈爾省》（影印本），臺北：成文出版社，1968年，第18～19頁。

〔註35〕（清）海忠修，林從炯等纂：《承德府志》//《中國方志叢書·塞北地方·熱河省》（影印本），臺北：成文出版社，1968年，第448頁。

〔註36〕（清）海忠修，林從炯等纂：《承德府志》//《中國方志叢書·塞北地方·熱河省》（影印本），臺北：成文出版社，1968年，第451頁。

〔註37〕（清）海忠修，林從炯等纂：《承德府志》//《中國方志叢書·塞北地方·熱河省》（影印本），臺北：成文出版社，1968年，第584頁。

由上述史料可見，昌平鎮依託附近關隘、山險而存在，為當時河北一軍事重鎮。

圖 1.18　北魏昌平鎮圖〔註38〕

根據《魏書》、《通典》、《太平寰宇記》等，截取自《中國歷史地圖集》之北魏「相、冀、幽、平等州」圖

8. 崎城鎮

《魏書》卷二四《張袞傳附張度傳》載：

袞次子度，少有志尚，襲爵臨渭侯。上谷太守，入為武昌王師。加散騎常侍，除使持節，都督幽州廣陽、安樂二郡諸軍事，平東將軍，崎城鎮都大將，又轉和龍鎮都大將，所在著稱。

《魏書》卷一○六上《地形志上·安州》載：

廣陽郡。延和元年置益州，真君二年改為郡。

安樂郡。延和元年置交州，真君二年罷州置。

〔註38〕譚其驤主編：《中國歷史地圖集·東晉十六國南北朝時期》，北京：中國地圖出版社，1982 年，截取自北魏「相、冀、幽、平等州」圖，第 50～51 頁。

《太平寰宇記》卷七一《河北道二十·檀州》載屬縣燕樂：

燕樂縣。本漢犀奚縣地也，屬漁陽郡。按犀奚縣，今密雲縣是也，後魏於此置廣陽郡，有長城。

按《魏書》相關記載，北魏時期幽州轄有燕郡、范陽郡與漁陽郡，未轄廣陽與安樂二郡；而安州治下有廣陽郡與安樂郡。據此，張度傳所言張度「都督幽州廣陽、安樂二郡諸軍事」應為「都督安州廣陽、安樂二郡諸軍事」。進而根據廣陽郡與安樂郡設置時間，可知張度任崎城鎮都大將約在太武帝時期；崎城鎮，應在廣陽郡、安樂郡附近。嚴耕望先生認為崎城鎮極有可能位於古北口關隘之域〔註39〕，若如此，則崎城鎮在廣陽郡之東部。

安州地處北魏東北邊疆前沿，毗鄰東北諸族，附近活躍有契丹、奚等部族，因而成為北魏東北邊疆防禦重地。而以崎城鎮統轄廣陽郡與安樂郡軍事事務，對加強安州北部防禦力量是非常有利的，亦足見崎城鎮為北魏東北邊疆地區一重鎮。

圖 1.19　北魏崎城鎮圖〔註40〕

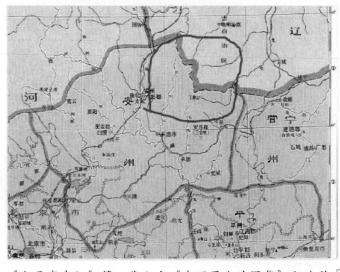

根據《魏書》、《太平寰宇記》等，截取自《中國歷史地圖集》之北魏「相、冀、幽、平等州」圖。圖中標識之區域，為崎城鎮可能涉及之區域。

〔註39〕嚴耕望：《中國地方行政制度史·魏晉南北朝地方行政制度》卷下《北朝地方行政制度》（下）》第十一章《北魏軍鎮》，上海：上海古籍出版社，2007年，第710頁。

〔註40〕譚其驤主編：《中國歷史地圖集·東晉十六國南北朝時期》，北京：中國地圖出版社，1982年，截取自北魏「相、冀、幽、平等州」圖，第50～51頁。

9. 北平鎮

北平鎮，未見於《魏書》、《北史》等史籍。

隋《□墮暨妻趙氏墓誌》云□墮祖父：

> 魏揚麾將軍、北營州長史，北平鎮將。〔註41〕

按誌文□墮以隋文帝開皇十三年卒，年八十四，則其祖父任北平鎮將約在北魏宣武帝後期至孝明帝時期。

《魏書》卷一〇六上《地形志上·平州》載：

> 北平郡……朝鮮（縣）……延和元年徙朝鮮民於肥如，復置，
> 屬焉。

肥如在今河北秦皇島盧龍縣境〔註42〕，則北平鎮亦應在盧龍地區。

圖 1.20　北魏北平鎮圖〔註43〕

根據《魏書》等，截取自《中國歷史地圖集》之北魏「相、冀、幽、平等州」圖。圖中標識之區域，為北平鎮可能涉及之區域。

〔註41〕王其褘、周曉薇：《隋代墓誌銘匯考》第四冊，北京：線裝書局，2007 年，第
　　　　96 頁。

〔註42〕陳明源：《中國縣級以上政區歷史名稱錄》，杭州：西泠印社，2011 年，第 14
　　　　頁。

〔註43〕譚其驤主編：《中國歷史地圖集·東晉十六國南北朝時期》，北京：中國地圖
　　　　出版社，1982 年，截取自北魏「相、冀、幽、平等州」圖，第 50～51 頁。

10. 凡城鎮

《魏書》等同時載有瓦城與凡城。

《魏書》卷四上《太武帝紀上》載：

> （延和二年）六月，遣撫軍大將軍、永昌王健，尚書左僕射安原督諸軍討和龍。將軍樓勃別將五千騎圍凡城，文通守將封羽以城降，收其民三千餘家。

《魏書》卷二九《奚斤傳附奚延傳》載：

> 子延，襲爵。出為（孝文帝時期）瓦城鎮將。

《水經注》卷一四《濡水注》載：

> 濡水又東南逕盧龍塞，塞道自無終縣東出渡濡水，向林蘭陘，東至清陘。盧龍之險，峻坂縈折，故有九緯之名矣……盧龍東越青陘，至凡城二百許里。自凡城東北出，趣平岡故城可百八十里。向黃龍則五百里。

《魏書》卷九七《海夷馮跋傳附馮文通傳》載：

> （延和二年）世祖遣兼鴻盧李繼持節拜崇假節、侍中、都督幽平二州東夷諸軍事、車騎大將軍、領護東夷校尉、幽平二州牧，封遼西王，錄其國尚書事，食遼西十郡；承制假授文官尚書、刺史，武官征虜已下。文通遣其將封羽率眾圍崇，世祖詔永昌王健督諸軍救之。封羽又以凡城降，徙其三千餘家而還。

《資治通鑑》卷一一三東晉安帝元興二年載：

> （十二月）燕以衛尉悅真為青州刺史，鎮新城；光祿大夫衛駒為并州刺史，鎮凡城。

將以上史料相較，可知：首先，瓦城為凡城之誤。其次，凡城為盧龍塞與和龍之間的交通衝要，歷來為各股勢力必爭之地。如《資治通鑑》卷九六東晉成帝咸康五年載前燕與後趙曾對凡城展開激烈爭奪「（石）虎以撫軍將軍李農為使持節、監遼西北平諸軍事、征東將軍、營州牧，鎮令支。農帥眾三萬與征北大將軍張舉攻燕凡城。燕王皝以槴盧城大悅綰為禦難將軍，授兵一千，使守凡城……及趙兵至，將吏皆恐，欲棄城走。綰曰：『受命禦寇，死生以之。且憑城堅守，一可敵百，敢有妄言惑眾者斬！』眾然後定。綰身先士卒，親冒矢石；舉等攻之經旬，不能克，乃退。虎以遼西迫近燕境，數

遭攻襲，乃悉徙其民於冀州之南。」可見凡城的攻佔或鎮守，關涉中原勢力能否深入遼東或者遼東勢力能否有效抵禦中原勢力的進攻。所以，基於東北邊疆防禦以及向外拓地的需要，北魏對設置凡城鎮以加強東北邊疆的防禦是非常重視的。

　　按照《中國歷史地圖集》第四冊《東晉十六國南北朝時期》所標注的北魏時期盧龍塞與和龍城之方位，凡城應在今河北省與遼寧省相交界一帶。〔註44〕

圖 1.21　北魏時期盧龍塞及平州

圖 1.22　北魏時期營州及凡城圖

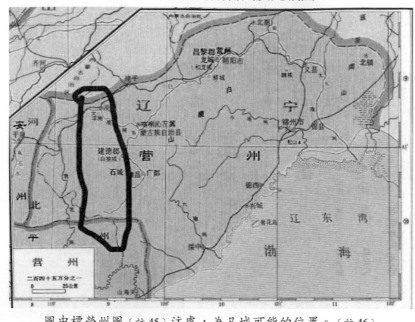

圖中標營州圖〔註45〕注處，為凡城可能的位置。〔註46〕

11. 和龍鎮

《魏書》卷四上《太武帝紀上》載太延二年五月，北魏軍隊深入北燕腹地，兵峰直指和龍，馮文通在北魏大軍壓境的環境下，出奔高麗，北魏遂攻佔北燕全境、佔領和龍。鑒於和龍為東北邊疆前沿地帶一重鎮，北魏太武帝在攻佔北燕的當年，就設置和龍鎮，以加強對北燕舊地與東北邊疆前沿的控制與防守。而《魏書》卷一〇六上《地形志上》所載「營州。治和龍城。太延二年為鎮」應在太延五年五月以後。

據《魏書》卷一九下《景穆十二王下‧樂陵王胡兒傳附元思譽傳》所載「高祖初，蠕蠕犯塞，以思譽為鎮北大將軍、北征大都將。後除使持節、本將軍、領護匈奴校尉、都督、中軍都將。出為使持節，鎮東大將軍、和龍鎮都大將、營州刺史，加領護東夷校尉，轉為鎮北將軍，行鎮北大將軍」來看，《魏書》卷一〇六上《地形志上》所載「營州。治和龍城。太延二年為鎮，真君五年改置」即太平真君五年和龍鎮廢除有誤。

〔註45〕轉引自譚其驤主編：《中國歷史地圖集》第四冊《東晉十六國南北朝時期》，北京：中國地圖出版社，1982年，第50～51頁。

〔註46〕轉引自譚其驤主編：《中國歷史地圖集》第四冊《東晉十六國南北朝時期》，北京：中國地圖出版社，1982年，第50～51頁。

圖 1.23　北魏和龍鎮圖〔註 47〕

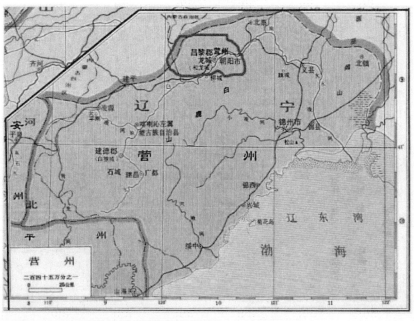

根據《魏書》等，截取自《中國歷史地圖集》之北魏「相、冀、幽、平等州」圖。圖中標識之區域，為和龍鎮可能涉及之區域。

12. 靈丘鎮、廣昌鎮

《魏書》卷三二《高湖傳附高各拔傳》載：

> 真弟各拔，廣昌鎮將。

《高建墓誌》云：

> 曾祖湖，燕散騎常侍、吏部尚書，魏涼州鎮都大將、秦州刺史、
> 東阿侯……祖拔，廣昌鎮將、燕州刺史。

將《魏書》與誌文相對比，可知《魏書》所載之高各拔即《高建墓誌》所云高拔。根據《魏書》所云高拔長輩與兄弟活躍之時代，可推知高建在孝文帝時期任廣昌鎮將。

《魏書》卷一一二上《靈徵志上》載：

> （太和）九年六月庚戌，濟、洛、肆、相四州及靈丘、廣昌鎮
> 暴風折木。

上述史料表明靈丘鎮、廣昌鎮在孝文帝太和前期就已存在。

〔註47〕譚其驤主編：《中國歷史地圖集·東晉十六國南北朝時期》，北京：中國地圖
　　　出版社，1982 年，截取自北魏「相、冀、幽、平等州」圖，第50～51 頁。

　　靈丘鎮，在今山西省靈丘縣地區。康熙二十三年《靈丘縣志》卷一《方輿・形勝》載靈丘「臂聯雲朔，抗扼雁門，咫尺邊陲，為紫荊門戶。萬山環繞，溏水旋折。昔秦趙乃所必爭之地，蓋趙得之，則西足以窺秦，東足以庇燕；秦得之，非惟函谷得外屏而咸陽亦可高枕無虞」〔註48〕，可見靈丘之鎮守與穩定，事關關中形勢之穩固。所以，北魏統治者有必要在當地設置靈丘鎮。

圖 1.24　北魏靈丘鎮圖〔註49〕

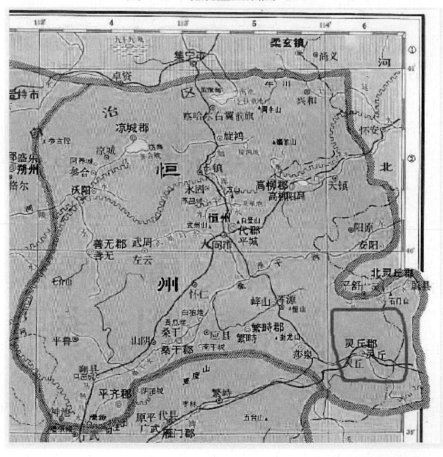

根據《魏書》等，截取自《中國歷史地圖集》之北魏「并、肆、恒、朔等州」圖。圖中標識之區域，為靈丘鎮可能涉及之區域。

〔註48〕（清）岳宏譽：《靈丘縣志》，康熙二十三年刊本，美國哈佛大學漢和圖書館藏。

〔註49〕譚其驤主編：《中國歷史地圖集・東晉十六國南北朝時期》，北京：中國地圖出版社，1982 年，截取自北魏「并、肆、恒、朔等州」圖，第 52 頁。

13. 度斤鎮、賀延鎮、賀侯延鎮

查閱《北史》、《隋書》等正史文獻與《漢魏南北朝墓誌彙編》等墓誌文獻，北魏北部邊疆還有度斤鎮、賀延鎮、賀侯延鎮的存在，而上述三鎮卻為《魏書》所失載。

關於度斤鎮，《北史》卷三五《王慧龍傳附王寶興傳》載：「尚書盧遐妻，崔浩女也。初，寶興母及遐妻俱孕，浩謂曰：『汝等將來所生，皆我之自出，可指腹為親。』及昏，浩為撰儀，躬自監視，謂諸客曰：『此家禮事，宜盡其美。』及浩被誅，盧遐後妻寶興從母也，緣坐沒官。寶興亦逃避，未幾得出。盧遐妻時官賜度斤鎮高車滑骨，寶興盡賣貸產，自出塞贖之以歸。」根據上述史料並結合《魏書》有關崔浩家族在北魏太武帝後期的遭遇，可知：首先，王寶興到北方邊塞贖其從母應在北魏太武帝末期至文成帝之間。其次，按《魏書》，北魏多將降附與被俘之高車安置在其北部邊疆軍鎮一線，由此，部分高車部眾所在之度斤鎮亦位於北魏北疆軍鎮一線。而《隋書》卷五一《長孫覽傳附長孫晟傳》所載「（開皇）十七年，染干遣五百騎隨晟來逆女，以宗女封安義公主以妻之。晟說染干率眾南徙，居度斤舊鎮」亦可印證度斤鎮位於北魏北方前沿防線。第三，度斤鎮至遲在北魏太武帝時就已設置。

《元龍墓誌》載元龍父元度和在北魏之官曆「散騎常侍、外都大官、使持節、鎮北將軍、度斤鎮大將、平舒男」〔註50〕，誌文云「太和之始」，元龍「襲爵平舒男」，據此，元度和至遲在北魏孝文帝延興至承明時期已任度斤鎮將；誌文又云元度和「任屬維城，守四方而作鎮」，表明度斤鎮在北魏北方軍鎮防禦體系中所佔之地位。

關於賀延鎮，《元寧墓誌》載元寧曾祖拓跋竭洛侯「使持節、龍驤將軍、雍州刺史、外都大官、賀延鎮都督、武陽侯」〔註51〕，由誌文云元寧卒於正光五年（524），享年六十，可知元寧生於北魏文成帝和平五年（464），進而可審慎推測，拓跋竭洛侯出任賀延鎮都督大致在文成帝至獻文帝時期。《元愨墓誌》載「正光五年五月中，朔卒跋扈，侵擾邊塞，以君王室英傑，智勇絕倫，服未卒哭，詔起君為統軍，北征賀延」〔註52〕亦顯示出賀延鎮位於北魏北疆地區。

〔註50〕趙超：《漢魏南北朝墓誌彙編》，天津：天津古籍出版社，2008年，第46頁。
〔註51〕趙超：《漢魏南北朝墓誌彙編》，天津：天津古籍出版社，2008年，第157頁。
〔註52〕洛陽市文物管理局：《洛陽出土北魏少數民族墓誌彙編》，鄭州：河南美術出版社，2011年，第66頁。

關於賀侯延鎮，《元偃墓誌》載太和十五年，元偃之官曆「使持節、安北將軍、賀侯延鎮都大將、始平公〔註53〕」，說明賀侯延鎮於太和之世就已存在。有學者認為賀侯延鎮「為鮮卑語譯音，故稍有不同，或賀延為其簡稱」〔註54〕。

14. 肆盧鎮

《魏書》卷一〇六上《地形志上》載「肆州。治九原。天賜二年為鎮，真君七年置州。」唐長孺先生在《北魏末期的山胡敕勒起義──北魏末期人民大起義研究之二》中認為北魏肆州由肆盧鎮所改〔註55〕。周一良先生在《北魏鎮戍制度考及續考》中將天賜二年所置之鎮視作肆盧鎮〔註56〕。

15. 離石鎮

《元和郡縣圖志》卷一四《河東道三·石州》載：

> 在秦為西河郡之離石縣。靈帝末，黃巾大亂，百姓南奔，其郡遂廢。魏黃初三年復置離石縣，晉惠帝末劉元海起於河西，攻陷郡縣，其離石又沒於賊。石勒時改為永石郡，後魏明帝改為離石鎮。

根據上述史料，首先，後魏明帝應為明元帝。其次，《元和郡縣圖志》意在表明北魏明元帝時，設置離石鎮。但據《魏書》卷四〇《陸俟傳》載「陸俟，代人也。曾祖幹，祖引，世領部落。父突，太祖時率部民隨從征伐。數有戰功，拜厲威將軍、離石鎮將。天興中，為上黨太守、關內侯。」可知，離石鎮至遲在道武帝皇始至天興年間就已設置。

康熙四十一年《永寧州志》卷一《沿革》載「《禹貢》冀州之地……自三家分晉，之後遂為趙地，趙武靈王破澹林胡、樓煩，始為趙之離石邑。秦為太原郡。西漢置離石縣，屬西河郡。東漢徙置，改為西河國。晉惠帝末，西河國陷於劉曜。至後趙石勒，置為永石郡。後魏改為離石鎮。北齊改為昌化縣及懷政郡，兼為西汾州」〔註57〕。永寧州在今山西離石，則北魏離石鎮亦在山西離石。

〔註53〕洛陽市文物管理局：《洛陽出土北魏少數民族墓誌彙編》，鄭州：河南美術出版社，2011年，第20頁。

〔註54〕年發松：《北魏軍鎮考補》//武漢大學歷史系魏晉南北朝隋唐時研究室：《魏晉南北朝隋唐史資料》（第七期），1985年，第67頁。

〔註55〕唐長孺：《北魏末期的山胡敕勒起義──北魏末期人民大起義研究之二》，載《武漢大學學報》，1964年第4期，第61頁。

〔註56〕周一良：《北魏鎮戍制度考及續考》//周一良：《魏晉南北朝史論集》，北京：北京大學出版社，1997年，第223頁。

〔註57〕（清）謝汝霖纂修，于準載訂朱鈴、張永清、梁少素等纂：《永寧州志》，康熙四十一年刊本，哈佛大學哈佛燕京學院漢和圖書館藏。

圖 1.25　北魏離石鎮圖〔註58〕

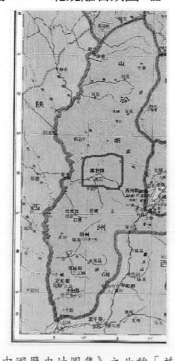

根據《魏書》等，截取自《中國歷史地圖集》之北魏「并、肆、恒、朔等州」圖。圖中標識之區域，為離石鎮可能涉及之區域。

圖 1.26　離石鎮所在永寧州山川總圖〔註59〕

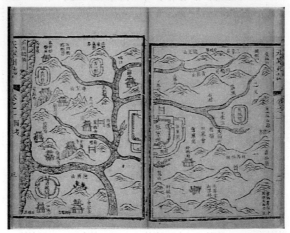

〔註58〕譚其驤主編：《中國歷史地圖集·東晉十六國南北朝時期》，北京：中國地圖
　　　　出版社，1982 年，截取自北魏「并、肆、恒、朔等州」圖，第 52 頁。
〔註59〕（清）謝汝霖纂修，于準戴訂朱鈴、張永清、梁少素等纂：《永寧州志》卷一《輿
　　　　地志·圖考》，康熙四十一年刊本，哈佛大學哈佛燕京學院漢和圖書館藏。

16. 吐京鎮

《魏書》卷二七《穆崇傳附穆羆傳》載：

> （穆羆）尚新平長公主，拜駙馬都尉。又除虎牢鎮將，頻以不法致罪。高祖以其勳德之胄，讓而赦之。轉征東將軍、吐京鎮將……時西河胡叛，羆欲討之，而離石都將郭洛頭拒違不從。羆遂上表自劾，以威不攝下，請就刑戮。高祖乃免洛頭官。山胡劉什婆寇掠郡縣，羆討滅之。自是部內肅然，莫不敬憚。後改吐京鎮為汾州，仍以羆為刺史。

《魏書》卷一〇六上《地形志上》又載：

> 汾州。延和三年為鎮，太和十二年置州。治蒲子城。

結合上述史料，吐京鎮在孝文帝太和十二年改為汾州，吐京的設置在太武帝延和三年。

《元和郡縣圖志》卷一二《河東道一・隰州》載：

> 秦為河東郡地，在漢為蒲子縣，屬河東郡。後魏初屬仵城郡。孝文改蒲子為長壽縣，太和十二年於此置汾州……隋開皇五年改為隰州。

《元和郡縣圖志》卷一二《河東道一・隰州》又載隰州屬縣石樓縣：

> 本漢土軍縣也……後魏孝文帝於此城置吐京郡，即漢土軍縣，改胡俗音訛，以軍為京也。隋開皇五年又以吐京屬隰州，十八年改吐京為石樓縣，因縣東石樓山為名也。

《元和郡縣圖志》卷一三《河東道二・汾州》又載：

> 後魏孝文帝太和八年，復於茲氏舊城置西河郡，屬吐京鎮。按吐京鎮，今隰州西北九十里石樓縣是也，十二年改吐京鎮為汾州，西河郡仍屬焉。

綜合以上史料，首先，北魏汾州治所蒲子與隋代、唐代隰州之蒲子為同一地；其次，北魏吐京鎮在隋唐時期之石樓，即今山西石樓。順治年間重修、雍正十年續修、嘉慶二十一年重刊《石樓縣志》卷一《形勝》載「石樓左礪黃雲，右帶黃河，萬山拱峙，二水交流。無長林大麓以間之，第懸崖削壁，高下突圪。倚土為城，環列雉堞，中起孤立。惟恃四面皆山，周圍旋繞，踞汾西南。實為僻險之區」〔註60〕，可見吐京鎮亦為據險防守之要地。

〔註60〕（清）周士章重修，雍正年間續修：《石樓縣志》，雍正十年刊刻、嘉慶二十

圖 1.27　北魏吐京鎮圖〔註61〕

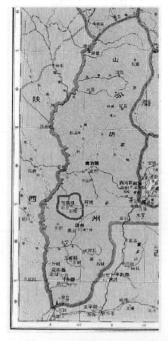

根據《魏書》等，截取自《中國歷史地圖集》之北魏「并、肆、恒、朔等州」圖。圖中標識之區域，為吐京鎮可能涉及之區域。

圖 1.28　吐京鎮所在石樓縣山川圖〔註62〕

　　　　　　一年重刊，哈佛大學漢和圖書館藏。
〔註61〕譚其驤主編：《中國歷史地圖集・東晉十六國南北朝時期》，北京：中國地圖
　　　　出版社，1982 年，截取自北魏「并、肆、恒、朔等州」圖，第 52 頁。
〔註62〕（清）周士章重修，雍正年間續修：《石樓縣志》，雍正十年刊刻、嘉慶二十
　　　　一年重刊，哈佛大學漢和圖書館藏。

17. 六壁鎮

《水經注》卷六《汾水》載：

> 文水又東南流，與勝水合。水出西狐岐之山，東逕六壁城南，
> 魏朝舊置六壁于其下，防離石諸胡，因為大鎮。太和中罷鎮，仍置
> 西河郡焉。

根據《水經注》所載，六壁鎮設置於孝文帝之前；北魏設置六壁鎮之目的，在於防備離石地區的胡族部落。嚴耕望在《中國地方行政制度史·魏晉南北朝地方行政制度》卷下《北朝地方行政制度》第十一章《北魏軍鎮》中認為六壁鎮「即指吐京鎮而言」。但由《魏書》卷五《文成帝紀》所載「（和平元年）二月，衛將軍、樂安王良督東雍、吐京、六壁諸軍，西趣河西」來看，吐京鎮與六壁鎮是兩個獨立存在的軍鎮。

圖 1.29　北魏六壁鎮圖〔註 63〕

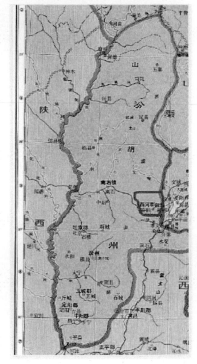

根據《魏書》等，截取自《中國歷史地圖集》之北魏「并、肆、恒、朔等州」圖。圖中標識之區域，為六壁鎮可能涉及之區域。

─────────

〔註 63〕譚其驤主編：《中國歷史地圖集·東晉十六國南北朝時期》，北京：中國地圖
　　　　出版社，1982 年，截取自北魏「并、肆、恒、朔等州」圖，第 52 頁。

18. 柏壁鎮

柏壁鎮，未見於《魏書》、《北齊書》、《周書》與《北史》。

《元和郡縣圖志》卷一二《絳州・正平縣》載：

> 柏壁，在縣西南二十里。後魏明帝元年，於此置柏壁鎮，太武帝廢鎮，置東雍州及正平郡。

此處後魏明帝應為北魏明元帝。

《太平寰宇記》卷四七《河東道八・絳州》載：

> 柏壁，在縣西南二十里。後魏明元帝於此置柏壁鎮，太武帝廢鎮置東雍州及正平郡。

據此，可見柏壁鎮存在於北魏明元帝至太武帝時期。

民國十八年《新絳縣志》卷八《古蹟考》載「柏壁城在縣西南二十里，秦王堡在焉。後魏明元帝置柏壁鎮，至太武帝廢鎮置東雍州。北齊斛律光曾屯兵於此」〔註64〕，據此可知，北魏所築之柏壁鎮城在北齊時期仍沿用。

圖 1.30　北魏柏壁鎮圖〔註65〕

根據《魏書》等，截取自《中國歷史地圖集》之北魏「司、豫、荊、洛等州」圖。圖中標識之區域，為柏壁鎮可能涉及之區域。

〔註64〕（民國）徐昭儉修、楊兆泰纂：《新絳縣志》//《中國方志叢書・華北地方・山西省》（影印本），臺北：成文出版社，1976 年，第 787～788 頁。

〔註65〕譚其驤主編：《中國歷史地圖集・東晉十六國南北朝時期》，北京：中國地圖出版社，1982 年，截取自北魏「司、豫、荊、洛等州」圖，第 46～47 頁。

19. 絳城鎮

絳城鎮，北朝史籍中僅見一條記載。

《魏書》卷四五《杜銓傳附杜洪太傳》載：

> 太和中，除鷹揚將軍、絳城鎮將，帶新昌、陽平二郡太守。

嚴耕望先生認為絳城鎮將在翼城縣、曲沃縣、絳縣三地之一〔註66〕。但檢核康熙十二年刊本《翼乘》、乾隆三十六年刊本《翼城縣志》、乾隆二十四年刊本《新修曲沃縣志》、康熙九年《絳州志》、乾隆三十年刊本《絳縣志》，均未有上述三地有絳城鎮址之載。

20. 蒲坂鎮

《魏書》卷三一《于栗磾傳》載：

> 世祖之征赫連昌，敕栗磾與宋兵將軍、交趾侯周幾襲陝城。昌弘農太守曹達不戰而走。乘勝長驅，仍至三輔。進爵為公，加安南將軍。平統萬，還蒲坂鎮將。時弘農、河內、上黨三郡賊起，栗磾討之。轉虎牢鎮大將，加督河內軍。尋遷使持節、都督兗相二州諸軍事、鎮南將軍、枋頭都將。

根據上述史料，蒲阪鎮至遲在太武帝時期就已設置。

另據《魏書》卷三○《安同傳附安頡傳》載：

> 宜城王奚斤，自長安追擊赫連昌，至於安定，頡為監軍侍御史。斤以馬多疫死，士眾乏糧，乃深壘自固……昌來攻壘，頡出應之。昌於陳前自接戰，軍士識昌，爭往赴之。會天大風揚塵，晝昏，眾亂，昌退。頡等追擊，昌馬蹶而墜。頡擒昌，送於京師。世祖大悅，拜頡建節將軍，賜爵西平公，代堆統攝諸軍。斤恥功不在已，輕追昌弟定於平涼，敗績。定將復入長安，詔頡鎮蒲坂以拒之。

以上史料表明蒲阪為控制河東、控扼關中的軍事重鎮。

蒲阪鎮在今山西省運城市永濟地區。光緒刊本《永濟縣志》卷一《形勝》載「黃河北來，太華南倚，總水陸之形勢，壯關河之氣色」、「全晉列藩，三河外屏，條山峙其左，紫淵居其右」、「西阻大河，東倚太行，潼關在其南，龍門在其北」、「蒲阪被山河之固，介雍豫之交」〔註67〕，蒲阪地勢險要，北魏有

〔註66〕嚴耕望：《中國地方行政制度史·魏晉南北朝地方行政制度》卷下《北朝地方行政制度》第十一章《北魏軍鎮》，上海：上海古籍出版社，2007年，第716頁。

〔註67〕（清）李榮和等總纂，郝登雲等協纂：《永濟縣志》，光緒刊本//《中國地方志

必要在當地設置蒲阪鎮以加強對當地的防守。

　　《魏書》卷九七《島夷・劉裕傳附劉義隆傳》又載「（太平真君十一年）車駕發滑臺，過磧礚，義隆又遣雍州刺史、竟陵王誕率其將薛安都、柳元景等入盧氏，進攻弘農。詔洛州刺史張提率眾度崤，蒲城鎮將何難於風陵堆濟河，秦州刺史杜道生至閿鄉。元景退走」，若僅據此，則北魏又設置有蒲城鎮。但據《宋書》卷七七《柳元景傳》所載「（龐）法起與槐即據潼關。虜蒲城鎮主遣偽帥何難於封陵堆列三營以擬法起。法起長驅入關，行王、檀故壘。虜謂直向長安，何難率眾欲濟河以截軍後，法起回軍臨河，縱兵射之，賊退散……虜蒲阪戍主秦州刺史杜道生率眾二萬至閿鄉水，去湖關一百二十里。元景募精勇一千人，夜斫賊營，迷失道，天曉而反。道生率手下驍銳縱兵射之，鋒刃既交，虜又奔散」，據此可知，蒲城鎮當為蒲坂鎮。

圖 1.31　　北魏蒲阪鎮圖〔註68〕

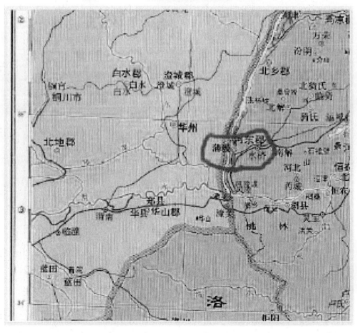

根據《魏書》等，截取自《中國歷史地圖集》之北魏「司、豫、荊、洛等州」圖。圖中標識之區域，為蒲阪鎮可能涉及之區域。

　　　　集成・山西府縣志輯》第 67 冊（影印本），南京：鳳凰出版社，2005 年，第40 頁。

〔註68〕譚其驤主編：《中國歷史地圖集・東晉十六國南北朝時期》，北京：中國地圖出版社，1982 年，截取自北魏「司、豫、荊、洛等州」圖，第 46～47 頁。

圖 1.32　蒲阪鎮所在山西永濟縣境圖〔註69〕

21. 龍門鎮

《北齊書》卷二○《薛脩義傳》載：

> 絳蜀賊陳雙熾等聚汾曲，詔脩義為大都督，與行臺長孫稚共討
> 之。脩義以雙熾是其鄉人，遂輕詣壘下，曉以利害，熾等遂降。拜
> 脩義龍門鎮將。

根據史料，薛脩義任龍門鎮將應在孝明帝後期。

根據《魏書》卷一○六上《地形志上》，北魏太武帝太平真君七年，改皮氏縣為龍門縣，隸屬高涼郡；北魏孝文帝太和十一年，由龍門分置高涼縣，不久又置龍門郡。北魏龍門，在今山西省運城市河津地區。乾隆四十八年《河津縣志》卷一《形勝》載「紫荊北鎮，峨嶺南橫，襟帶河汾，控連雍冀……舊府志云：河流環繞，山勢盤曲；險扼龍門，西河要地」〔註70〕，由河津地區地勢險要以及所處之交通衝要，北魏有必要在當地設置龍門鎮以加強對當地的防守。

〔註69〕（清）李榮和等總纂，郝登雲等協纂：《永濟縣志》卷一《圖考》，光緒刊本
　　　　//《中國地方志集成·山西府縣志輯》第 67 冊（影印本），南京：鳳凰出版
　　　　社，2005 年，第 8 頁。

〔註70〕（清）王居正等總修，喬集鵾等纂修：《河津縣志》，乾隆四十八年刊本，哈
　　　　佛大學漢和圖書館藏。

圖 1.33　　北魏龍門鎮圖〔註71〕

根據《魏書》等，截取自《中國歷史地圖集》之北魏「司、豫、荊、洛等州」圖。圖中標識之區域，為龍門鎮可能涉及之區域。

圖 1.34　　龍門鎮所在河津縣境圖〔註72〕

〔註71〕 譚其驤主編：《中國歷史地圖集・東晉十六國南北朝時期》，北京：中國地圖出版社，1982 年，截取自北魏「司、豫、荊、洛等州」圖，第 46～47 頁。

〔註72〕 （清）王居正等總修，喬集鳩等纂修：《河津縣志》，乾隆四十八年刊本，哈佛大學漢和圖書館藏。

22. 稷山鎮

《北齊書》卷二〇《薛脩義傳》載：

> 魏孝明遣西北道大行臺胡元吉奉詔曉喻，脩義降。鳳賢等猶據
> 險屯結，長孫稚軍於弘農，珍孫軍靈橋，未能進。脩義與其從叔善
> 樂、從弟嘉族等各率義勇為攻取之勢，與鳳賢書示其禍福。風賢降，
> 拜鳳賢龍驤將軍、假節、稷山鎮將。

根據上述史料，薛鳳賢任稷山鎮將應在孝明帝後期。

稷山鎮在今山西省運城市稷山地區。乾隆二十八年《稷山縣志》卷一《形
勝》載「左連故絳，右控龍門，南帶汾河，北通鄂壘」〔註73〕，可見稷山亦
地處交通衝要，北魏有必要在當地設置軍鎮，以加強對當地的控制。

圖 1.35　北魏稷山鎮圖〔註74〕

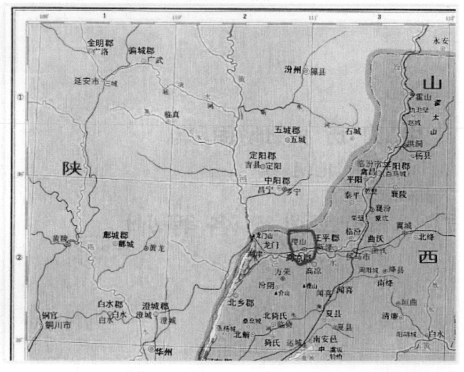

根據《魏書》等，截取自《中國歷史地圖集》之北魏「司、豫、荊、洛等州」圖。圖
中標識之區域，為稷山鎮可能涉及之區域。

〔註73〕韋之瑗纂修：《稷山縣志》，乾隆二十八年刊本，哈佛大學漢和圖書館藏。
〔註74〕譚其驤主編：《中國歷史地圖集・東晉十六國南北朝時期》，北京：中國地圖
　　　　出版社，1982年，截取自北魏「司、豫、荊、洛等州」圖，第46～47頁。

圖 1.36　稷山鎮所在稷山縣境圖〔註 75〕

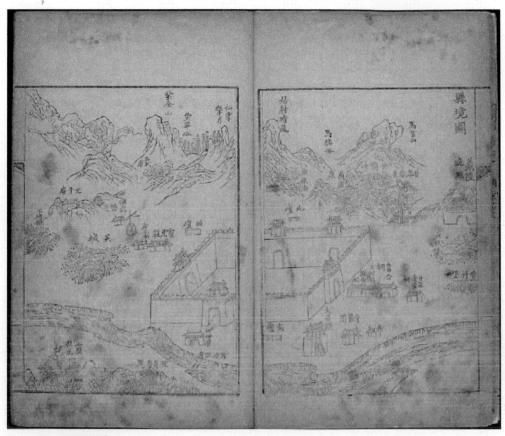

23. 統萬鎮

《魏書》卷一〇六下《地形志下》載：

夏州。赫連屈孑所都，始光四年平，為統萬鎮，太和十一年改

置。治大夏。

上述史料是《魏書》中關於北魏軍鎮有明確設置時間的記載。

《元和郡縣圖志》卷四《關內道四·夏州》載：

晉末，赫連勃勃於今州理僭稱大夏……勃勃殺高平沒奕干，並

其眾，自稱天王，於朔水之北，黑水之南，營起都城，即今州理是

也，名曰統萬城。至子昌，為魏太武帝所滅，置統萬鎮。孝文帝太

和十一年，改置夏州。

結合《魏書》與《元和郡縣圖志》，統萬鎮城所在乃大夏都城，也就是說，

〔註 75〕韋之瑗纂修：《稷山縣志》，乾隆二十八年刊本，哈佛大學漢和圖書館藏。

赫連勃勃下令所築之統萬城在北魏時期仍得以沿用。

關於統萬鎮最高長官之稱謂，《魏書》與墓誌中有統萬鎮（都大）將與統萬突鎮都大將兩種。關於統萬鎮（都大）將，如《魏書》卷三○《豆代田傳》所載「從討和龍，戰功居多……從駕南討。轉太子太保。（太武帝時期）出為統萬鎮大將」、《魏書》卷一九下《景穆十二王下·章武王太洛傳附元彬傳》所載「（孝文帝時期）出為使持節、都督東秦豳夏三州諸軍事、鎮西大將軍、西戎校尉、統萬鎮都大將、朔州刺史」與《魏書》卷一六《道武七王·河南王曜傳附拓跋提傳》載「與淮南王他平吐京叛胡，遷使持節、車騎大將軍、（太武帝時期）統萬鎮都大將」。

關於統萬突鎮都大將，主要見於墓誌。如《元昭墓誌》所云元昭祖父拓跋連「（太武帝時期）使持節、侍中、征西大將、都督河西諸軍事、內都坐大官、羽真、統萬突鎮都大將、常山王」、《元彬墓誌》所云元彬「自國升朝，出蒞為使持節、征西大將軍、都督東秦邠三州諸軍事、領護西戎校尉、（孝文帝時期）統萬突鎮都大將、夏州刺史」、《元融墓誌》所云元融「鎮西大將軍、都督東秦邠夏三州諸軍事、西戎校尉、統萬突鎮都大將、汾夏二州刺史、章武王（元彬）之元子」、《元舉（元景升）墓誌》所云元舉（元景升）「鎮西大將軍、都督東秦邠夏三州諸軍事、西戎校尉、統萬突鎮都大將、邠州刺史、章武烈王之孫」、《元湛（元珍興）墓誌》所云元珍（元真興）「使持節、鎮西大將軍、都督東秦豳夏三州諸軍事、西戎校尉、統萬突鎮都大將、荊汾夏三州刺史章武王（元彬）之第四子」。特別是將《魏書》卷一九下《景穆十二王下·章武王太洛傳附元彬傳》所載元彬仕宦與《元融墓誌》、《元湛（元珍興）墓誌》相對比，可知史籍中統萬鎮（都大）將與墓誌中統萬突鎮都大將實為一事。

有關統萬鎮存廢時間，史籍與墓誌記載亦不盡相同。《魏書》卷一九上《景穆十二王上·京兆王子推傳附元太興傳》載：

（孝文帝時期）拜統萬鎮將，改封西河。後改鎮為夏州，仍以太興為刺史。

反映的是北魏孝文帝太和十一年改統萬鎮為夏州後，統萬鎮將改任夏州刺史。但亦有記載反映太和十一年，北魏孝文帝改統萬鎮為夏州後，統萬鎮並未立即廢除。如《魏書》卷一九下《景穆十二王下·章武王太洛傳附元彬傳》載：

　　（孝文帝時期）出為使持節、都督東秦豳夏三州諸軍事、鎮西
大將軍、西戎校尉、統萬鎮都大將、朔州刺史。

　　《魏書》卷七下《孝文帝紀下》載：

　　（太和十三年三月）夏州刺史章武王彬以貪賕削封。

　　根據上述史料，首先，《魏書》卷一九下《景穆十二王下・章武王太洛傳
附元彬傳》所載元彬所任之朔州刺史應為夏州刺史。其次，在太和十一年孝
文帝下詔改統萬鎮為夏州後，元彬仍任統萬鎮都大將，表明統萬鎮並未因孝
文帝詔令而立即廢除。

　　統萬鎮城址為今陝西省榆林市橫山縣西部白城子古城。《橫山縣志》卷一
《古蹟》載「統萬城，俗喚白城子，即夏州。在縣北邊外，無定河北岸。晉義
熙三年夏赫連勃勃築都於奢延水之北，即此。北魏為統萬鎮」〔註76〕。

　　關於統萬城的建築過程及建築方法，《晉書》卷一三〇《赫連勃勃載記》
載：

　　（赫連勃勃）以叱干阿利領將作大匠，發嶺北夷夏十萬人，于
朔方水北、黑水之南營起都城。勃勃自言：「朕方統一天下，君臨萬
邦，可以統萬為名。」阿利性尤工巧，然殘忍刻暴，乃蒸土築城，
錐入一寸，即殺作者而並築之。勃勃以為忠，故委以營繕之任。又
造五兵之器，精銳尤甚。既成呈之，工匠必有死者：射甲不入即斬
弓人；如其入也，便斬鎧匠。

　　由此可以看出赫連勃勃對統萬城的築城質量是非常重視的，統萬城城牆
高大且堅固，外敵極難攻破。北魏繼承大夏的統萬城，並將其設置為統萬鎮
城，而統萬鎮城憑藉其自身的堅固，自然成為北魏西部地區的重要軍鎮。《魏
書》卷五《文成帝紀》所載「（興安元年十一月）隴西屠各王景文叛，詔統萬
鎮將、南陽王惠壽討平之」與《魏書》卷五〇《尉元傳》所載「太和初，徵為
內都大官。既而出為使持節、鎮西大將軍、開府、統萬鎮都將，甚得夷民之
心」便鮮明反映出統萬鎮在抵禦外敵入侵、穩定地方形勢中發揮著獨當一面
的作用。

〔註76〕劉濟南等修，曹子正等纂：《橫山縣志》，民國十八年石印本//《中國方志叢書・
　　　華北地方・陝西省》（影印本），臺北：成文出版社，1969年，第49頁。

圖 1.37　北魏統萬鎮圖〔註77〕

根據《魏書》等，截取自《中國歷史地圖集》之北魏「秦、雍、豳、夏等州，沃野、薄骨律等鎮」圖。圖中標識之區域，為統萬鎮可能涉及之區域。

圖 1.38　統萬城遺址位置圖〔註78〕

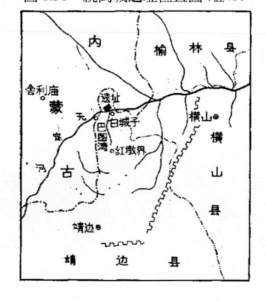

〔註77〕譚其驤主編：《中國歷史地圖集・東晉十六國南北朝時期》，北京：中國地圖出版社，1982 年，截取自北魏「秦、雍、豳、夏等州，沃野、薄骨律等鎮」圖，第 54～55 頁。

〔註78〕轉引自陝西省文管會：《統萬城城址勘測記》，載《考古》，1981 年第 3 期，圖一 統萬城遺址位置圖，第 225 頁。

圖 1.39　統萬城遺址實測圖〔註79〕

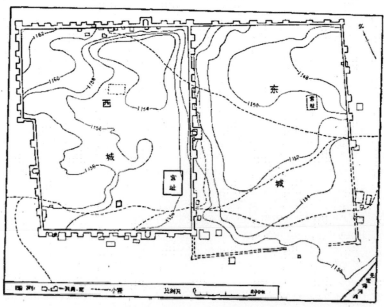

圖 1.40　統萬城遺址彩紅外航空影像圖〔註80〕

〔註79〕轉引自陝西省文管會：《統萬城城址勘測記》，載《考古》，1981 年第 3 期，
　　　　圖二 統萬城遺址實測圖，第 226 頁。
〔註80〕轉引自鄧輝、夏正楷、王瑋瑜：《利用彩紅外航空影像對統萬城的再研究》，
　　　　載《考古》，2003 年第 1 期，圖版捌 統萬城遺址彩紅外航空影像。

24. 杏城鎮

《元和郡縣圖志》卷三《關內道三·坊州》載：

> 秦屬內史，漢為左馮翊翟道縣之地。魏、晉陷於夷狄，不置郡
> 縣。劉、石、苻、姚時，於今州理西七里置杏城鎮，常以兵守之。
> 後魏孝文帝改鎮為東秦州，孝明帝改為北華州，廢帝改為鄜州。

《太平寰宇記》卷三五《關西道十一·鄜州》載：

> 漢為上郡雕陰縣之地。暨晉陷於戎羯，不置州郡，於今坊州中
> 部界至杏城鎮。後魏太和十五年改鎮為東秦州，孝明二年又改為北
> 華州，廢帝二年改為鄜州。

結合《元和郡縣圖志》與《太平寰宇記》，另據《魏書》卷四五《韋閬傳》
所載「世祖徵拜咸陽太守，轉武都太守。屬杏城鎮將郝溫及蓋吳反，關中擾
亂，閬盡心撫納，所部獨全」，可見：首先，北魏杏城鎮當繼承自後秦。其次，
杏城鎮最早出現於北魏太武帝時期。第三，後秦設置杏城鎮，出於邊疆防禦
目的；而北魏設置杏城鎮，則是與控制關中北部形勢有關。

圖 1.41　北魏杏城鎮所在中部縣境圖〔註81〕

〔註81〕（清）丁瀚修，張永清等纂：《中部縣志》，清嘉慶十二年修、民國十四年重
刊本//《中國方志叢書·華北地方·陝西省》（影印本），臺北：成文出版社，
1970 年，第 46～47 頁。

杏城鎮城在陝西中部縣地區（今陝西銅川宜君縣境）。《中部縣志》卷一《沿革》所載與《元和郡縣圖志》、《太平寰宇記》大體相同。《中部縣志》卷一《形勝》載「縣城四山環拱，參嵯岭岈」、「西北界沮源關與子午嶺相連，竦峙袤延，勢若天塹」、「縣東連搭溝深谷，幽邃險阻異常」〔註82〕。可見杏城鎮亦佔據地利之優勢，為關中北部一軍事重鎮。

25. 三堡鎮

《元和郡縣圖志》卷三《關內道三‧丹州》載：

> 秦置三十六郡，屬上郡。漢因之。魏文帝省上郡。其地晉時戎狄居之，符、姚時為三堡鎮。後魏文帝大統三年，割鄜、延二州地置汾州，理三堡鎮。

《太平寰宇記》卷三五《關西道十一‧丹州》與《元和郡縣圖志》所載相同。

由上述史料，本文審慎認為，北魏亦繼承前秦、後秦之三堡鎮。

三堡鎮，在今陝西省延安宜川地區〔註83〕。乾隆十八年《宜川縣志》卷一《沿革》載「後魏置樂川郡，領樂川縣。太和八年於薛河川置安平縣，屬樂川郡；十八年於白水川置永寧縣。西魏復於古孟門、河西地置義川郡。大統三年置義川縣，因川為名，屬義川郡。又置汾州，理河西三堡鎮」〔註84〕亦明證北魏繼承前秦、後秦之三堡鎮。

由乾隆十八年《宜川縣志》卷一《疆域附形勝》載「宜川東據黃河，南扼孟門，峻嶺廣阜，名勝要區」，可見三堡鎮實為關中地區一軍事要地。

〔註82〕（清）丁瀚修，張永清等纂：《中部縣志》，清嘉慶十二年修、民國十四年重刊本//《中國方志叢書‧華北地方‧陝西省》（影印本），臺北：成文出版社，1970年，第75頁。

〔註83〕嚴耕望：《中國地方行政制度史‧魏晉南北朝地方行政制度》卷下《北朝地方行政制度》第十一章《北魏軍鎮》，上海：上海古籍出版社，2007年，第727頁。
陳明源：《中國縣級以上政區歷史名稱錄》，杭州：西泠印社，2011年，第324頁。

〔註84〕（清）吳炳纂修：《宜川縣志》，清乾隆十八年刊本，美國哈佛大學漢和圖書館藏。

圖 1.42　三堡鎮所在宜川縣境圖〔註85〕

26. 安人鎮

《元和郡縣圖志》卷三《關內道三·延州》載：

延水縣，本秦臨河縣之地……漢因之，在今縣理北十五里臨河故城是也。後魏於其中置安人縣並安人鎮，屬東夏州。

《魏書》、《北史》均不載北魏設置安人鎮，《元和郡縣圖志》可補史闕。

安人鎮，在今陝西省延安延川地區〔註86〕。

27. 石龜鎮

《元和郡縣圖志》卷四《關內道四·麟州》載：

銀城縣，本漢圁陰縣地，屬西河郡。漢末大亂，匈奴侵邊，雲中、西河之間，其地遂空，訖於魏、晉，不立郡縣。後魏時置石城縣，廢帝改為銀城關。周武帝保定二年，移於廢石龜鎮城，即今縣理是也」。

《太平寰宇記》卷三八《關西道十四·麟州》載：

銀城縣，本漢圁陰縣地，後魏時置石城縣，至廢帝三年改屬歸真郡，隸綏州。後周保定二年移縣於廢石龜鎮。

〔註85〕（清）吳炳纂修：《宜川縣志》，清乾隆十八年刊本，美國哈佛大學漢和圖書館藏。

〔註86〕嚴耕望：《中國地方行政制度史·魏晉南北朝地方行政制度》卷下《北朝地方行政制度》第十一章《北魏軍鎮》，上海：上海古籍出版社，2007年，第727頁。

　　根據上述史料，石龜鎮至遲在北魏時期就已存在。

　　石龜鎮，在今陝西省榆林神木縣〔註87〕。清代佚名抄本《神木縣志》卷一《形勝》載「兩山雄峙，三水環流，南望關中，河套秦晉之咽喉，榆林之屏翰」〔註88〕，據此來看，石龜鎮為漠南與關中之交通要衝，亦為北魏北方一軍事重鎮。

第二節　東部地區軍鎮

1. 魯口鎮

《元和郡縣圖志》卷一七《河北道二・深州》載：

> 饒陽縣，本漢舊縣，屬涿郡，在饒河之陽。
>
> 州理城，晉魯口城也。公孫泉叛，司馬宣王征之，鑿滹沱入派水以運糧，因築此城。蓋滹沱有魯沱之名，因號魯口。後魏道武帝皇始三年，車駕幸魯口，即此城也。

《太平寰宇記》卷六三《河北道十二・深州》載：

> 饒陽縣，本漢舊縣地，屬涿郡……按饒陽縣，即後魏虜渠口，置虜口鎮于此，後為縣，隸深州。

根據《元和郡縣圖志》與《太平寰宇記》，魯口即虜口。

　　魯口鎮在今河北省衡水市饒陽縣地區。乾隆年間重修《饒陽縣志》卷上《形勝》載「南接滹沱之濱，北跨滋河之險」〔註89〕，表明魯口地處險要之地，北魏統治者正是看中魯口所佔之地勢，在當地設置魯口鎮。

　　關於魯口鎮之設置時間，由《魏書》卷二《道武帝紀》所載：

> （皇始元年十一月）車駕幸魯口城。
>
> （皇始二年七月）帝還幸魯口，遣將軍長孫肥一千騎襲中山，入其郭而還。
>
> （皇始二年）八月丙寅朔，帝自魯口進軍常山之九門。

〔註87〕嚴耕望：《中國地方行政制度史・魏晉南北朝地方行政制度》卷下《北朝地方行政制度》第十一章《北魏軍鎮》，上海：上海古籍出版社，2007年，第727頁。

〔註88〕佚名，清代抄本：《神木縣志》//《中國方志叢書・華北地方・陝西省》（影印本），臺北：成文出版社，1970年，第17～18頁。

〔註89〕（清）王美、瞿文鳳等纂修，張抱璞等校正：《饒陽縣志》，乾隆年間重修本//《中國地方志集成・河北府縣志輯》第47冊（影印本），上海：上海書店出版社，2006年。

可以看出：首先，魯口是初建的北魏向華北東部山東等地擴張的重要基地。其次，道武帝皇始至天賜年間，是北魏進攻後燕、統一北方東部地區的重要階段，隨著北魏吞併後燕、東部地區逐漸納入北魏版圖，北魏有必要在魯口等要地設置軍鎮以加強對東部的控制，魯口鎮大致在皇始至天賜年間設置。

圖 1.43　　北魏魯口鎮圖〔註90〕

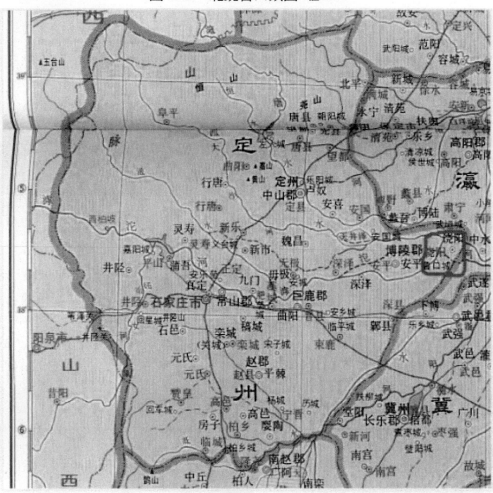

根據《魏書》等，截取自《中國歷史地圖集》之北魏「相、冀、幽、平等州」圖。圖中標識之區域，為魯口鎮可能涉及之區域。

〔註90〕譚其驤主編：《中國歷史地圖集・東晉十六國南北朝時期》，北京：中國地圖
　　　　出版社，1982年，截取自北魏「相、冀、幽、平等州」圖，第50～51頁。

2. 廣阿鎮

《魏書》卷二九《叔孫建傳》載：

> 太宗令建與劉裕相聞，以觀其意。裕答言：『洛是晉之舊京，而羌姚據之。晉欲修復山陵之計久矣，而內難屢興，不暇經營。司馬休之、魯宗之父子、司馬國璠兄弟、諸桓宗屬，皆晉之蠹也，而姚氏收集此等，欲以圖晉，是以伐之。道由於魏，軍之初舉，將以重幣假途。會彼邊鎮棄守而去，故晉前軍得以西進，非敢憑陵魏境。』裕以官軍在河南，恐斷其前路，乃命引軍北寇，及班師，乃止。

> 遷廣阿鎮將，群盜斂跡，威名甚震。久之，除使持節、都督前鋒諸軍事、楚兵將軍、徐州刺史，率眾自平原濟河，徇下青兗諸郡。

《魏書》卷三《明元帝紀》又載：

> （泰常三年）五月丙午，詔叔孫建鎮廣阿。

上述史料反映出北魏明元帝時期，北魏為防禦江南，就已在南部地區設置軍鎮；廣阿鎮正是在此背景下得以設置。

《魏書》卷五一《韓茂傳附韓均傳》又載：

> （韓均）出為使持節、散騎常侍、本將軍、定州刺史，轉青冀二州刺史，餘如故。恤民廉謹，甚有治稱。廣阿澤在定、冀、相三州之界，土廣民稀，多有寇盜，乃置鎮以靜之。以均在冀州，劫盜止息，除本將軍、（獻文帝時期）廣阿鎮大將，加都督三州諸軍事。均清身率下，明為耳目，廣設方略，禁斷姦邪，於是趙郡屠各、西山丁零聚黨山澤以劫害為業者，均皆誘慰追捕，遠近震跼。

上述史料反映出：首先，北魏統治者設置廣阿鎮，除欲對外軍事防禦，還有對內清除地方叛亂勢力、穩定地方社會秩序的作用。其次，廣阿鎮地處定、冀、相三州交界之處，地理位置亦非常重要。

廣阿鎮，在清至民國時期屬河北隆平地區〔註91〕，今隸屬河北省隆堯地區。

〔註91〕（清）袁文煥等纂修：《隆平縣志》，乾隆年間刊本//《中國地方志集成·河北府縣志輯》第 68 冊（影印本），上海：上海書店出版社，2006 年，第 12～13 頁。

圖 1.44　北魏廣阿鎮圖〔註 92〕

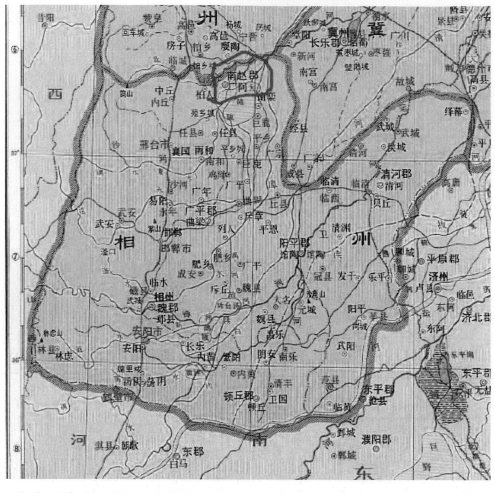

根據《魏書》等，截取自《中國歷史地圖集》之北魏「相、冀、幽、平等州」圖。圖中標識之區域，為廣阿鎮可能涉及之區域。

3. 樂陵鎮

《魏書》卷四五《韋閬傳附韋珍傳》載：

> 高祖初，蠻首桓誕歸款，朝廷思安邊之略，以誕為東荊州刺史。令珍為使，與誕招慰蠻左。珍自懸瓠西入三百餘里，至桐柏山，窮淮源，宣揚恩澤，莫不降附……凡所招降七萬餘戶，置郡縣而還。以奉使稱旨，除左將軍、樂陵鎮將，賜爵霸城子。

〔註 92〕譚其驤主編：《中國歷史地圖集·東晉十六國南北朝時期》，北京：中國地圖出版社，1982 年，截取自北魏「相、冀、幽、平等州」圖，第 50～51 頁。

根據上述史料，樂陵鎮在孝文帝時就已存在。

乾隆二十七年《樂陵縣志》卷一《輿地上·形勝》載「南連青濟，北接滄瀛，左環渤海，右控平原。所以藩屏畿甸，權衡南北也」〔註93〕，可知樂陵亦地處交通衝要之地，所以北魏統治者有必要在當地設置樂陵鎮以加強對當地的控制。

樂陵鎮在今山東省德州市樂陵地區。

圖 1.45　北魏樂陵鎮圖〔註94〕

根據《魏書》等，截取自《中國歷史地圖集》之北魏「兗、青、齊、徐等州」圖。圖中標識之區域，為樂陵鎮可能涉及之區域。

〔註93〕（清）莊肇奎、鄭成中等纂修：《樂陵縣志》卷一《輿地志上·形勝》，乾隆二十七年刊本//《中國方志叢書·華北地方·山東省》（影印本），臺北：成文出版社，1976 年，第 115 頁。

〔註94〕譚其驤主編：《中國歷史地圖集·東晉十六國南北朝時期》，北京：中國地圖出版社，1982 年，截取自北魏「兗、青、齊、徐等州」圖，第 48～49 頁。

4. 平原鎮

《水經注》卷五《河水注》載：

> 黃溝承聊城郭水，水泛則津注，水耗則輟流。自城東北出，逕清河城南，又東北逕攝城北……魏太常七年，安平王鎮平原所築，世謂之王城。太和二十三年，罷鎮立平原郡，治此城也。

《魏書》卷三《明元帝紀》載：

> （泰常七年）十有二月，遣壽光侯叔孫建等，率眾自平原東渡，徇下青、兗諸郡。

可見平原為北魏東進的重要前沿地帶。

《魏書》卷一〇六中《地形志中·濟州》載：

> 平原郡。漢高帝置。皇始中屬冀州，太和十一年分屬，武泰初立南冀州，永安中罷州。領縣四……聊城。二漢屬東郡，晉屬。魏置太平鎮，後罷並郡。有王城，郡、縣治。

《元和郡縣圖志》卷一六《河北道一·博州》載：

> 後魏明元帝於此置平原鎮，孝文帝罷鎮置平原郡。

根據以上正史文獻與地理志，首先，《魏書》中太平鎮應為平原鎮。其次，平原鎮設置於明元帝泰常年間。第三，關於平原鎮在北魏的存廢時間，《元和郡縣圖志》載明元帝至孝文帝時期，《魏書》與墓誌關於平原鎮將任職者之記載，最早為明元帝時期，如《魏書》卷一五《昭成子孫·遼西公意烈傳附拓跋拔干傳》所載「太宗踐阼，（拓跋拔干）除勃海太守，吏人樂之。賜爵武遂子。轉平原鎮將，得將士心」；最晚為孝文帝時期，如《閭炫墓誌》云閭炫「父阿各頭，平原鎮將（孝文帝時期）安富侯」，可見《魏書》、墓誌記載與《元和郡縣圖志》記載相符合。

平原鎮在今山東省聊城地區。康熙七年補刊本《聊城縣志》卷一《疆域志》載「雖無名山大川，然會通河濟，古今之要地……境接鄒魯，密邇畿甸」〔註95〕，可以看出古代聊城地處交通衝要之地。所以，北魏統治者通過設置平原鎮以加強對當地的控制。

譚其驤主編《中國歷史地圖集》第四冊《東晉十六國南北朝時期》中將平原鎮城標注在今聊城東北部地區，位置較準確。

〔註95〕（清）何一傑纂修：《聊城縣志》，康熙七年補刊本，美國哈佛大學漢和圖書館藏。

圖1.46　北魏平原鎮圖〔註96〕

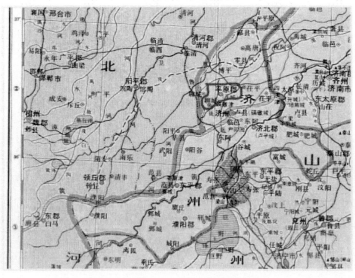

根據《魏書》等，截取自《中國歷史地圖集》之北魏「兗、青、齊、徐等州」圖。圖中標識之區域，為平原鎮可能涉及之區域。

5. 比陽鎮

《寇臻墓誌》云：

> 中川恒農二郡太守、振武將軍、四征都將，轉振武將軍（孝文帝時期）、沘陽鎮將、昌平子、遷假節、建威將軍、鑒安遠府諸軍事、郢州刺史。

但《魏書》卷四二《寇讚傳附寇臻傳》載：

> 拜振武將軍、（孝文帝時期）比陽鎮將，有威惠之稱。

《魏書》卷四五《韋閬傳附韋珍傳》又載：

> 高祖初，蠻首桓誕歸款，朝廷思安邊之略，以誕為東荊州刺史。令珍為使，與誕招慰蠻左。珍自懸瓠西入三百餘里，至桐柏山，窮淮源，宣揚恩澤，莫不降附。淮源舊有祠堂，蠻俗恒用人祭之。珍乃曉告曰：「天地明靈，即是民之父母，豈有父母甘子肉味！自今已後，悉宜以酒脯代用。」群蠻從約，至今行之。凡所招降七萬餘戶，置郡縣而還。以奉使稱旨，除左將軍、（孝文帝時期）樂陵鎮將，賜爵霸城子。

〔註96〕譚其驤主編：《中國歷史地圖集·東晉十六國南北朝時期》，北京：中國地圖出版社，1982年，截取自北魏「兗、青、齊、徐等州」圖，第48～49頁。

蕭道成司州民謝天蓋自署司州刺史，規欲以州內附。事泄，為
道成將崔慧景攻圍。詔珍率在鎮士馬渡淮援接。時道成聞珍將至，
遣將苟元賓據淮逆拒。珍乃分遣鐵馬，於上流潛渡，親率步士與賊
對接。旗鼓始交，甲騎奄至，腹背奮擊，破之。天蓋尋為左右所殺，
降於慧景。珍乘勝馳進，又破慧景，擁降民七千餘戶內徙，表置城
陽、剛陵、義陽三郡以處之。高祖詔珍移鎮北陽。

《魏書》卷七下《孝文帝紀下》又載：

（太和二十二年）三月壬午朔，大破鶯平北將軍崔惠景、黃門
郎蕭衍軍於鄧城，斬獲首虜二萬有餘。庚寅，行幸樊城，觀兵襄沔，
耀武而還。曲赦二荊、魯陽郡。鎮南將軍王肅攻鶯義陽。鶯遣將裴
叔業寇渦陽。乙未，詔將軍鄭思明、嚴虛敬、宇文福等三軍繼援。
辛丑，行幸湖陽。乙未，次比陽。戊申，詔荊州諸郡之民，初降次
附，復同穰縣。

結合《魏書》，韋珍在比陽任職當在寇臻之前。由此，首先，北魏樂陵
鎮之設置在比陽鎮之前，隨著北魏對南齊征討作戰的勝利，北魏移樂陵鎮
至比陽，並改名為比陽鎮。其次，寇臻所任之鎮將，應以《魏書》所載之比
陽鎮將為確，而非沘陽鎮將。嚴耕望在《中國地方行政制度史·魏晉南北朝
地方行政制度》中認為寇臻所任鎮將以《寇臻墓誌》所載沘陽鎮將為準應有
誤。

6. 槃陽鎮

《魏書》卷六七《崔光傳附崔勣傳》載：

司空記室、通直散騎侍郎、寧遠將軍、清河太守，帶槃陽鎮將。

《魏書》載崔光卒於北魏孝明帝正光四年（523），卒時七十三，則崔光
生於北魏太武帝正平元年（451）；史籍載崔勣為崔光三子，進而可知崔勣約
生於孝文帝太和中期，則崔勣約在孝明帝時期出任槃陽鎮將。

《魏書》卷一○六中《地形志中》載「齊州。治歷城。劉義隆置冀州，皇
興三年更名」，齊州所轄「東清河郡。劉裕置，魏因之。治槃陽城」，可見槃陽
鎮與東清河郡同在一地。據《魏書》卷六《獻文帝紀》載「（皇興元年）閏月……
劉彧青州刺史沈文秀、冀州刺史崔道固並遣使請舉州內屬，詔平東將軍長孫
陵，平南將軍、廣陵公侯窮奇赴援之」可見，槃陽鎮至遲在北魏獻文帝後期
就已設置。

　　槃陽鎮在今山東省淄博市淄川區，淄川區由淄川縣所改。乾隆四十一年《淄川縣志》卷一《輿地志‧山川》載淄川縣地區有原山、禹王山、東山〔註97〕等山脈，可謂淄川周邊有山險環繞。由此可見，北魏佔據劉宋冀州改齊州後，在東清河郡設置槃陽鎮，是為了加強對新占之地的控制與防守。

圖 1.47　槃陽鎮所在淄川縣境圖〔註98〕

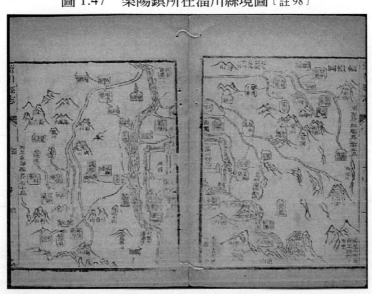

7. 東陽鎮

《魏書》卷四〇《陸俟傳附陸尼傳》載：

　　（獻文帝時期）內侍校尉、東陽鎮都將。

《魏書》卷三三《屈遵傳附屈車渠傳》載：

　　高祖初，出為東陽鎮將。

《魏書》卷一〇六中《地形志中》載：

　　青州。後漢治臨淄，司馬德宗治東陽，魏因之。

《魏書》卷六《獻文帝紀》載：

　　（皇興元年）閏月……劉彧青州刺史沈文秀、冀州刺史崔道固並遣使請舉州內屬，詔平東將軍長孫陵，平南將軍、廣陵公侯窮奇赴援之。

〔註97〕張廷榮、王佳賓纂輯：《淄川縣志》，乾隆四十一年刊本，哈佛大學哈佛燕京圖書館藏。

〔註98〕張廷榮、王佳賓纂輯：《淄川縣志》，乾隆四十一年刊本，哈佛大學哈佛燕京圖書館藏。

　　根據上述史料，北魏設置東陽鎮，應在獻文帝皇興元年劉宋青州刺史沈文秀以青州之地降附北魏之後。而北魏設置東陽鎮，目的在於對新占之地的控制。

　　《公孫氏墓誌》云：

> 　　父諱壽，字敕斤陵，散騎常侍、左光祿大夫、都督秦雍荊梁益五州諸軍事、征西將軍（約文成帝時期）、東陽仇池鎮都大將、征東將軍、都督青州諸軍事、青州刺史、蜀郡公。

　　公孫壽任東陽鎮將期間，還擁有執掌青州軍事事務的權力。

　　東陽鎮在今山東省濰坊市青州地區，古代曾稱益都。康熙十一年《益都縣志》卷一《山川》載「諸山西連，泰岱綿亙數百里」與康熙十一年《益都縣志》卷一《要隘》載「益都之為鎮為關為店，亦扼吭阻險之道」〔註 99〕，可見東陽鎮亦為北魏東部地區佔據山險地利的軍事重鎮。

圖 1.48　　北魏東陽鎮所在益都縣境圖〔註 100〕

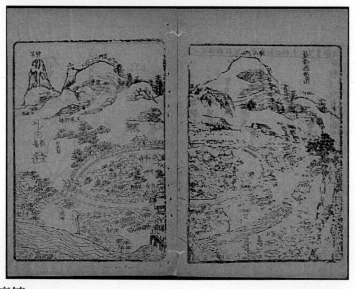

8. 臨濟鎮

　　《侯氏墓誌》云：

> 　　考伊莫汗，世祖之世，為散騎常侍，封安平侯，又遷侍中尚書，

〔註 99〕（清）陳食花修，鍾鍔等纂：《益都縣志》，康熙十一年刊本//《中國方志叢書·華北地方·山東省》（影印本），臺北：成文出版社，1976 年，第 89、99 頁。

〔註 100〕陳食花修，鍾鍔等纂：《益都縣志》，康熙十一年刊本，哈佛大學漢和圖書館藏。

　　尋出鎮臨濟，封曰南郡公。

以上史料反映出臨濟鎮在北魏太武帝時期就已設置。

《魏書》卷一一二上《靈徵志上》載：

　　（太和六年）八月，徐、東徐、兗、濟、平、豫、光七州，平

原、枋頭、廣阿、臨濟四鎮大水。

反映出北魏孝文帝時，臨濟鎮仍存在。

臨濟鎮在今山東省淄博市高青縣地區〔註101〕。

圖 1.49　北魏臨濟鎮圖〔註102〕

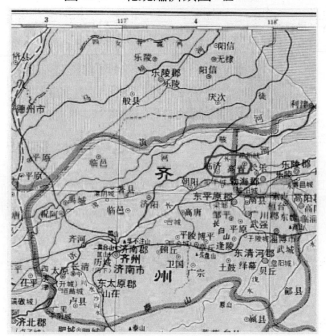

根據《魏書》等，截取自《中國歷史地圖集》之北魏「兗、青、齊、徐等州」圖。圖
中標識之區域，為臨濟鎮可能涉及之區域。

〔註101〕（清）岳濬、法敏總裁：《山東通志》卷三《建置》，乾隆元年刻、道光十七
　　　　年補刻，哈佛大學哈佛燕京圖書館藏。
　　　　嚴耕望：《中國地方行政制度史‧魏晉南北朝地方行政制度》卷下《北朝地
　　　　方行政制度》第十一章《北魏軍鎮》，上海：上海古籍出版社，2007 年，第
　　　　736 頁。
　　　　陳明源：《中國縣級以上政區歷史名稱錄》，杭州：西泠印社，2011 年，第
　　　　152 頁。
〔註102〕譚其驤主編：《中國歷史地圖集‧東晉十六國南北朝時期》，北京：中國地圖
　　　　出版社，1982 年，截取自北魏「兗、青、齊、徐等州」圖，第 48～49 頁。

9. 東萊鎮

《魏書》卷一〇六中《地形志中》載：

> 光州。治掖城。皇興四年分青州置，延興五年改為鎮，景明元年復。領郡三，縣十四。
>
> 東萊郡……領縣四……掖，州、郡治。

《魏書》卷五一《呂羅漢傳附呂豹子傳》據此，載：

> 東萊鎮將。後改鎮為州，行光州事。

據此，可知北魏東部軍政區變化情況：首先，獻文帝皇興四年（470），北魏分青州置光州。其次，孝文帝延興五年（475），北魏改光州為東萊鎮，東萊鎮之得名應與東萊郡有關，且光州與東萊郡之治所在同一地。既然北魏改光州為東萊鎮，則東萊鎮之轄區應包括光州全境。第三，宣武帝景明元年（500），北魏又將東萊鎮改為光州。

另據《魏書》卷七下《孝文帝紀下》載：

> （太和）十有三年春正月……乙丑，兗州民王伯恭聚眾勞山，自稱齊王。東萊鎮將孔伯孫討斬之。

可見東萊鎮鎮將行使軍事征討作戰權力不僅在本鎮，還包括附近兗州地區。反映出東萊鎮為北魏東部一規模較大的軍事重鎮，東萊鎮之地位頗高。

東萊鎮在今山東省煙臺市掖縣，後掖縣改稱萊州，為煙臺下轄的縣級市〔註103〕。民國二十四年鉛印本《掖縣志》卷一《形勝》載掖縣西部與北部有蜿蜒曲折的海岸線、石虎嘴海口等眾多海口、「海濱口岸，山脈起伏」，《掖縣志》卷一《山川》載「面山負海……各山之間，綿亙起伏，層巒疊巘」〔註104〕，足見東萊鎮佔據山川地利之優勢，為北魏東部海疆地區的軍事重鎮。

〔註103〕 陳明源：《中國縣級以上政區歷史名稱錄》，杭州：西泠印社，2011 年，第 155～156 頁。

〔註104〕 （民國）劉國斌等修，劉錦堂等纂：《掖縣志》，民國二十四年鉛印本//《中國方志叢書·華北地方·山東省》（影印本），臺北：成文出版社，1968 年，第 39～47、59 頁。

圖 1.50　東萊鎮所在掖縣縣境圖〔註 105〕

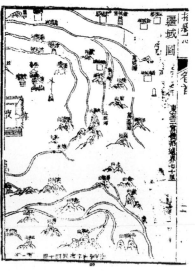

10. 明壘鎮

《魏書》卷二四《許謙傳附許洛陽傳》載：

> 從征慕容寶，為冠軍司馬。後為祁令。太宗追錄謙功，以洛陽為雁門太守。洛陽家田三生嘉禾，皆異壟合穎，世祖善之。進爵北地公，加鎮南將軍。出為明壘鎮將，居八年，卒。

根據以上史料，北魏太武帝時就已設置明壘鎮。

《魏書》卷七〇《傅豎眼傳》載：

> 靈越至京師，高宗見而奇之。靈越因說齊民慕化，青州可平，高宗大悅。拜靈越鎮遠將軍、青州刺史、貝丘子，鎮羊蘭城；靈根為臨齊副將，鎮明潛壘。靈越北入之後，母崔氏遇赦免。劉駿恐靈越在邊，擾動三齊，乃以靈越叔父琰為冀州治中，乾愛為樂陵太守。樂陵與羊蘭隔河相對，命琰遣其門生與靈越婢詐為夫婦投化以招之。

　　牟發松先生在《北魏軍鎮考補》中認為明壘為明潛壘之簡稱，在今山東省淄博市高青縣〔註 106〕。

〔註 105〕　（清）張思勉修，于始瞻纂：《掖縣志》，清乾隆二十三年刊本//《中國方志叢書·華北地方·山東省》（影印本），臺北：成文出版社，1968 年，第 82～83 頁。

〔註 106〕　牟發松：《北魏軍鎮考補》//武漢大學歷史系魏晉南北朝隋唐史研究室：《魏晉南北朝隋唐史資料》第七期，1985 年，第 73 頁。

圖 1.51　北魏明壘鎮圖〔註107〕

根據牟發松先生《北魏軍鎮考補》，截取自《中國歷史地圖集》之北魏「兗、青、齊、徐等州」圖。圖中標識之區域，為明壘鎮可能涉及之區域。

第三節　南部地區軍鎮

1. 枋頭鎮

《魏書》卷四下《太武帝紀下》載：

> （太平真君十一年）秋七月，義隆遣其輔國將軍蕭斌之率眾六萬寇濟州，刺史王買得棄州走，斌之遂入城，仍使寧朔將軍王玄謨西攻滑臺。詔枋頭鎮將、平南將軍、南康公杜道儁助守袞州。

《魏書》卷三一《于栗磾傳》載：

> 世祖之征赫連昌，敕栗磾與宋兵將軍、交趾侯周幾襲陝城。昌弘農太守曹達不戰而走。乘勝長驅，仍至三輔。進爵為公，加安南將軍。平統萬，遷蒲坂鎮將。時弘農、河內、上黨三郡賊起，栗磾討之。轉虎牢鎮大將，加督河內軍。尋遷使持節、都督兗相二州諸軍事、鎮南將軍、枋頭都將。

上述史料是關於枋頭鎮在北魏最早出現的記載。本文認為，枋頭鎮至遲在北魏太武帝時期就已設置。

〔註107〕譚其驤主編：《中國歷史地圖集·東晉十六國南北朝時期》，北京：中國地圖出版社，1982年，截取自北魏「兗、青、齊、徐等州」圖，第48～49頁。

《魏書》卷一一二上《靈徵志上》又載：

    （太和六年）八月，徐、東徐、兗、濟、平、豫、光七州，平原、枋頭、廣阿、臨濟四鎮大水。

    （太和六年）八月，徐、東徐、兗、濟、平、豫、光七州，平原、枋頭、廣阿、臨濟四鎮，蝗害稼。

以上史料表明至孝文太和前期，枋頭鎮仍存在。

枋頭鎮在今河南省鶴壁浚縣西南部〔註108〕。

圖 1.52　北魏枋頭鎮圖〔註109〕

根據《魏書》等，截取自《中國歷史地圖集》之北魏「司、豫、荊、洛等州」圖。圖中標識之區域，為枋頭鎮可能涉及之區域。

2. 河內鎮

《魏書》卷三一《于栗磾傳》載：

    永興中，關東群盜大起，西河反叛。栗磾受命征伐，所向皆平，即以本號留鎮平陽。轉鎮遠將軍，河內鎮將，賜爵新城男。栗磾撫導新邦，甚有威惠。

《魏書》卷四四《羅結傳》載：

〔註108〕嚴耕望：《中國地方行政制度史·魏晉南北朝地方行政制度》卷下《北朝地方行政制度》第十一章《北魏軍鎮》，上海：上海古籍出版社，2007年，第720頁。

〔註109〕譚其驤主編：《中國歷史地圖集·東晉十六國南北朝時期》，北京：中國地圖出版社，1982年，截取自北魏「司、豫、荊、洛等州」圖，第46～47頁。

太宗時,除持節、散騎常侍、寧南將軍、河內鎮將。

上述史料皆言明元帝時期就已有河內鎮,則河內鎮至遲在明元帝時期就已設置。

《魏書》卷一〇六上《地形志上》載:

> 懷州。天安二年置,太和十八年罷,天平初復。
>
> 河內郡……野王……州、郡治。

按照上述史料所載,懷州與河內郡以野王縣為共同治所,則河內郡與懷州同時經歷行政區劃的變遷。進而可知,明元帝時有河內鎮,至獻文帝天安二年,河內鎮改為河內郡,同時置懷州,河內郡隸屬懷州。

北魏河內鎮在今河南省沁陽地區。道光四年刊本《沁陽縣志》卷一《疆域志·形勢》載「銅山東峙,沁水西流,前控漢淮,背距蘇馬。控七路之奔沸,跨洪汝之上游」〔註110〕。

圖 1.53　北魏河內鎮圖〔註111〕

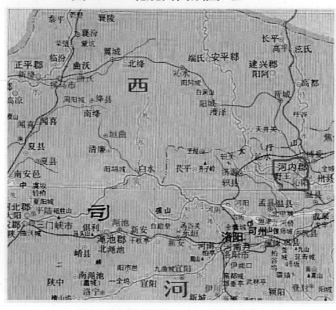

根據《魏書》等,截取自《中國歷史地圖集》之北魏「司、豫、荊、洛等州」圖。圖中標識之區域,為河內鎮可能涉及之區域。

〔註110〕 (清)倪明進修,栗郢纂:《沁陽縣志》,道光四年刊本//《中國方志叢書·華北地方·河南省》(影印本),臺北:成文出版社,1976 年,第 78 頁。

〔註111〕 譚其驤主編:《中國歷史地圖集·東晉十六國南北朝時期》,北京:中國地圖出版社,1982 年,截取自北魏「司、豫、荊、洛等州」圖,第 46～47 頁。

圖 1.54　河內鎮所在沁陽縣境圖〔註 112〕

3. 長安鎮

《魏書》所載長安鎮，最早始於太武帝時期。

《魏書》卷三六《李順傳》載：

> 世祖從之，以順為太常，策拜蒙遜為太傅、涼王。使還，拜使持節、都督秦雍梁益四州諸軍事、寧西將軍、開府、長安鎮都大將。

《魏書》卷四○《陸俟傳》載：

> （太武帝）以俟都督秦雍二州諸軍事、平西將軍、長安鎮大將。與高涼王那擊蓋吳於杏城，大破之。獲吳二叔。

《魏書》卷四六《竇瑾傳》載：

> 初定三秦，人猶去就，拜使持節、散騎常侍、都督秦雍二州諸軍事、寧西將軍、長安鎮將、毗陵公。在鎮八年，甚著威惠。

《魏書》卷四四《羅潔傳附羅斤傳》載：

> 從世祖討赫連昌，世祖追奔入城，昌邀擊，左右多死，斤力戰有功。世祖嘉之。後錄勳，除散騎常侍、侍中、四部尚書，又加平西將軍。後平涼州，攻城野戰，多有克捷，以功賜爵帶方公，除長安鎮都大將。會蠕蠕侵境，馳驛徵還，除柔玄鎮都大將。後以斤機辯，敕與王俊使蠕蠕，迎女備後宮。又以本將軍開府，為長安鎮都大將。

〔註 112〕《沁陽縣志》，康熙五十三年重修，哈佛大學漢和圖書館藏。

《魏書》卷四下《太武帝紀下》載：

（太平真君六年）九月，盧水胡蓋吳聚眾反於杏城。冬十月戊子，長安鎮副將元紇率眾討之，為吳所殺。

《魏書》卷一七《明元六王·樂安王範傳》載：

世祖以長安形勝之地，非範莫可任者，乃拜範都督五州諸軍事、衛大將軍、開府儀同三司、長安鎮都大將。

根據以上史料，可以看出：首先，結合《魏書》卷四上《太武帝紀上》所載神麚二年至神麚四年，北魏逐步消滅赫連夏勢力、控制關中的史實，本文認為，長安鎮應設置於北魏平定關中之際；長安鎮設置的最初目的，應與北魏防範赫連夏殘餘、控制與穩定長安當地形勢有關。其次，由太武帝時期長安鎮將、長安鎮副將率軍參與平定蓋吳治亂，又可見北魏太武帝設置長安鎮，還有以其做為穩定整個關中地區的戰略支撐點的目的。

图 1.55　北魏長安鎮圖〔註 113〕

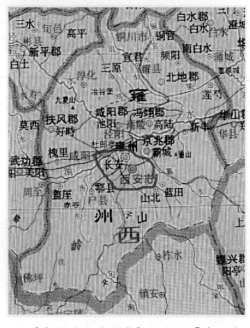

根據《魏書》等，截取自《中國歷史地圖集》之北魏「秦、雍、豳、夏等州，沃野、薄骨律等鎮」圖。圖中標識之區域，為長安鎮可能涉及之區域。

〔註 113〕譚其驤主編：《中國歷史地圖集·東晉十六國南北朝時期》，北京：中國地圖出版社，1982 年，截取自北魏「秦、雍、豳、夏等州，沃野、薄骨律等鎮」圖，第 54～55 頁。

4. 李潤鎮

《魏書》卷一九下《景穆十二王下‧安定王休傳附元燮傳》載宣武帝時期，元燮上書：

> 謹惟（華）州治李潤堡，雖是少梁舊地，晉、芮錫壤，然胡夷內附，遂為戎落。城非舊邑先代之名，爰自國初，護羌小戌。及改鎮立郡，依岳立州，因籍倉府，未刊名實。

根據上述史料可知至遲在北魏太武帝前期，北魏在華州設置李潤鎮。

另據《魏書》卷九四《閹官‧王遇傳》載：

> 王遇，字慶時，本名他惡，馮翊李潤鎮羌也。

可知李潤鎮為關中地區控御羌人的重要軍鎮。

李潤鎮在今陝西省大荔縣地區。

圖 1.56　北魏李潤鎮圖〔註114〕

根據《魏書》等，截取自《中國歷史地圖集》之北魏「秦、雍、豳、夏等州，沃野、薄骨律等鎮」圖。圖中標識之區域，為李潤鎮可能涉及之區域。

〔註114〕譚其驤主編：《中國歷史地圖集‧東晉十六國南北朝時期》，北京：中國地圖出版社，1982年，截取自北魏「秦、雍、豳、夏等州，沃野、薄骨律等鎮」圖，第54～55頁。

5. 雍城鎮

《元和郡縣圖志》卷二《關內道二‧鳳翔府》載：

> 後魏太武帝於今州理東五里築雍城鎮，文帝改鎮為岐州。

《魏書》卷一〇六下《地形志下》載：

> 岐州。太和十一年置。治雍城鎮。

《魏書》卷七〇《劉藻傳》載：時北地諸羌數萬家，恃險作亂，前後牧守不能制，姦暴之徒，並無名實，朝廷患之，以藻為北地太守。藻推誠布信，諸羌咸來歸附。藻書其名籍，收其賦稅，朝廷嘉之。遷龍驤將軍、（獻文帝時期）雍城鎮將。先是氐豪徐成、楊黑等驅逐鎮將，故以藻代之。至鎮，擒獲成、黑等，斬之以徇，群氐震慴。雍州人王叔保等三百人表乞藻為駮奴戍主。詔曰：「選曹已用人，藻有惠政，自宜他敘。」在任八年，遷離城鎮將。太和中，改鎮為岐州，以藻為岐州刺史。

圖 1.57　北魏雍城鎮圖〔註 115〕

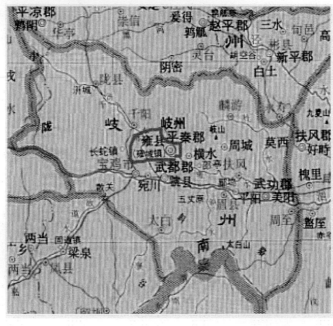

根據《魏書》等，截取自《中國歷史地圖集》之北魏「秦、雍、豳、夏等州，沃野、薄骨律等鎮」圖。圖中標識之區域，為雍城鎮可能涉及之區域。

〔註 115〕譚其驤主編：《中國歷史地圖集‧東晉十六國南北朝時期》，北京：中國地圖
出版社，1982 年，截取自北魏「秦、雍、豳、夏等州，沃野、薄骨律等鎮」
圖，第 54～55 頁。

　　根據以上史料，可以看出：首先，雍城鎮於太武帝時始置，孝文帝太和十一年，雍城鎮改為岐州。其次，雍城鎮之設置，與防禦氐族豪族有關。

　　雍城鎮在今陝西省寶雞鳳翔縣〔註116〕。乾隆三十一年刊本《重修鳳翔府志》卷一《形勝》鳳翔縣條載「橫水東環，靈山西拱，汧河瀠帶」〔註117〕與乾隆三十二年刊本《重修鳳翔縣志》卷一《形勝》載「南控褒斜，西達伊涼，岐雍高峙，汧渭爭流。成周興王之地，嬴秦創霸之區」〔註118〕反映出雍城鎮地處山川險要，亦為關中一軍事重鎮。

圖 1.58　雍城鎮所在鳳翔府疆域圖〔註119〕

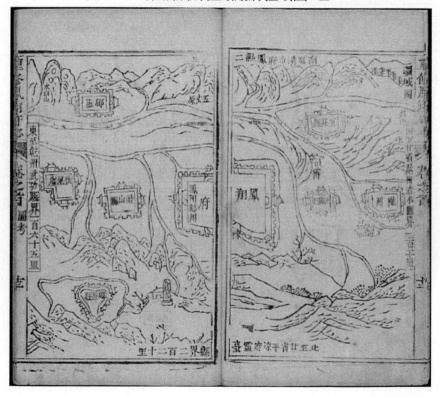

〔註116〕陳明源：《中國縣級以上政區歷史名稱錄》，杭州：西泠印社，2011 年，第329 頁。

〔註117〕（清）達靈阿修，周方炯纂：《重修鳳翔府志》，乾隆三十一年刊本//《中國方志叢書・華北地方・陝西省》（影印本），臺北：成文出版社，1970 年，第31 頁。

〔註118〕（清）羅鰲修：《重修鳳翔縣志》，乾隆三十二年刊本，哈佛大學哈佛燕京圖書館藏。

〔註119〕（清）達靈阿修，周方炯纂：《重修鳳翔府志》，乾隆三十一年刊本，哈佛大學哈佛燕京圖書館藏。

6. 長蛇鎮

《魏書》卷三〇《陸真傳》載：

> 高宗即位……遷散騎常侍，選部尚書。時丁零數千家寇竊并定，真與并州刺史乞伏成龍自樂平東入，與定州刺史許崇之並力討滅。從駕巡東海，以真為寧西將軍。尋遷安西將軍、長安鎮將，假建平公。胡賊帥賀略孫聚眾千餘人叛于石樓。真擊破之，殺五百餘人。是時，初置長蛇鎮，真率眾築城，未訖，而氐豪仇傉檀等反叛，氐民咸應，其眾甚盛。真擊平之，殺四千餘人，卒城長蛇而還。東平王道符反於長安，殺雍州刺史魚玄明，關中草草。以真為長安鎮將，賜爵河南公。

另據《魏書》卷六《獻文帝紀》載：

> （皇興元年正月）庚子，東平王道符謀反於長安，殺副將、駙馬都尉萬古真，鉅鹿公李恢，雍州刺史魚玄明。

可知長蛇鎮設置於文成帝後期；長蛇鎮之設置，與控御附近的氐族部落有關。

《水經注》卷一七《渭水》載：

> 渭水又東南出石門，度小隴山，逕南由縣南，東與楚水合，世所謂長蛇水……南流逕長蛇戍東，魏和平三年築，徙諸流民以遏隴寇。

清康熙五十二年刊本《隴州志》卷一《方輿·山川》又載：

> 長蛇川，吳山舊縣境內水委曲流如長蛇，後魏以此川名縣。
> 〔註120〕

根據上述史料可知長蛇鎮得名與其所在地附近長蛇水有關。

長蛇鎮在今陝西省寶雞隴縣地區〔註121〕。清康熙五十二年刊本《隴州志》卷一《方輿·形勝》所載「左隴山而右汧河，面五峰而枕靈谷，為秦鳳要害之地」〔註122〕反映出長蛇鎮亦為關中一軍事重鎮，長蛇鎮能否正常運轉，事關關中地區局勢穩定。因此，長蛇鎮延續至北朝後期。如《周書》卷三三《趙昶

〔註120〕（清）羅彰彝等纂修：《隴州志》，康熙五十二年刊本//《中國方志叢書·華北地方·陝西省》，臺北：成文出版社，1970年，第95頁。

〔註121〕陳明源：《中國縣級以上政區歷史名稱錄》，杭州：西泠印社，2011年，第330頁。

〔註122〕（清）羅彰彝等纂修：《隴州志》，康熙五十二年刊本//《中國方志叢書·華北地方·陝西省》（影印本），臺北：成文出版社，1970年，第84頁。

傳》所載「（大統）十五年，拜安夷郡守，帶長蛇鎮將。氐族荒獷，世號難治，昶威懷以禮，莫不悅服。期歲之後，樂從軍者千餘人」就充分表明長蛇鎮在控御與安撫氐族部眾中所發揮的關鍵作用。

圖 1.59　北魏長蛇鎮圖〔註 123〕

根據《魏書》等，截取自《中國歷史地圖集》之北魏「秦、雍、豳、夏等州，沃野、薄骨律等鎮」圖。圖中標識之區域，為長蛇鎮可能涉及之區域。

圖 1.60　長蛇鎮所在隴州州境圖〔註 124〕

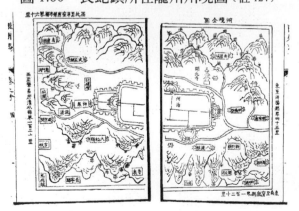

〔註 123〕譚其驤主編：《中國歷史地圖集・東晉十六國南北朝時期》，北京：中國地圖
　　　　出版社，1982 年，截取自北魏「秦、雍、豳、夏等州，沃野、薄骨律等鎮」
　　　　圖，第 54〜55 頁。
〔註 124〕（清）羅彰彝等纂修：《隴州志》，康熙五十二年刊本//《中國方志叢書・華
　　　　北地方・陝西省》（影印本），臺北：成文出版社，1970 年，第 68〜69 頁。

7. 洴城鎮

《周書》卷一九《達奚武傳》載：

> 達奚武字成興，代人也。祖眷，魏懷荒鎮將。父長，洴城鎮將。

達奚武卒於北周天和五年（570），卒時六十七，則達奚武生於北魏宣武帝正始元年（504）。則達奚長約在孝文帝後期至宣武帝初期任洴城鎮將；達奚眷約在文成帝時期任懷荒鎮將。

8. 武興鎮

《太平寰宇記》卷一三五《山南西道三·興州》載：

> 鼠子集始稱藩于魏，後謀叛魏，魏遂廢武興為藩鎮。其年改鎮為東益州。

《魏書》卷一〇一《氐傳》載：

> 僧嗣死，從弟文度自立為武興王，遣使歸順，顯祖授文度武興鎮將。

> 紹先年幼，委事二叔集起、集義。夏侯道遷以漢中歸順也，蕭衍白馬戍主尹天保率眾圍之。道遷求援於集起、集義，二人貪保邊藩，不欲救之，唯集始弟集朗心願立功，率眾破天保，全漢川，集朗之力也。集義見梁益既定，恐武興不得久為外藩，遂扇動諸氐，推紹先僭稱大號，集起、集義並稱王，外引蕭衍為援。安西將軍邢巒遣建武將軍傅豎眼攻武興，克之，執紹先送于京師，遂滅其國，以為武興鎮，復改鎮為東益州。前後鎮將唐法樂，刺史杜纂、邢豹，以威惠失衷，氐豪仇石柱等相率反叛。朝廷以西南為憂。

根據上述史料，北魏設置武興鎮之目的，為加強對當地氐族的管控；北魏獻文帝時，設置武興鎮，不久即廢置；孝文帝太和十六年又置武興鎮，同年改武興鎮為東益州，因此，武興鎮存在時間極短。

武興鎮在今陝西省漢中略陽縣地區。光緒三十年重刊本《略陽縣志》卷一《興地部·疆域》載「山峰環蓋，江濤洶湧，道路險惡，控扼蜀門……為三秦蜀隴咽喉」〔註125〕，可見武興鎮地處關中、河西、巴蜀交通要衝，位置重要，亦為軍事重鎮。

〔註125〕（清）譚瑀等纂修：《略陽縣志》，光緒三十年重刊本//《中國方志叢書·華北地方·陝西省》（影印本），臺北：成文出版社，1970年，第24頁。

圖 1.61 武興鎮所在略陽縣境圖〔註126〕

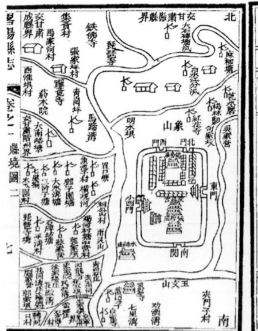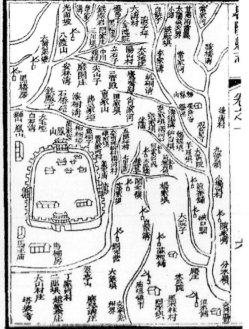

9. 固道鎮

《魏書》卷一九中《景穆十二王中·任城王雲傳附元澄傳》載：

> 以氐羌反叛，除都督梁益荊三州諸軍事、征南大將軍、梁州刺
> 史……梁州氐帥楊仲顯、婆羅、楊卜兄弟及符叱盤等，自以居邊地
> 險，世為山狄。（孝文帝時期）澄至州，量彼風俗，誘導懷附。表送
> 婆羅，授仲顯循城鎮副將，楊卜廣業太守，叱盤固道鎮副將，自餘
> 首帥，各隨才而用之，款附者賞，違命加誅，於是仇池帖然，西南
> 款順。

由此可見，北魏設置固道鎮，亦與加強對當地氐族勢力的控制有關。清
代吳言變在《元魏方鎮年表》中將元澄出任梁州刺史繫於北魏孝文帝太和十
三年〔註127〕，則可知固道鎮之設置，應在太和十三年至太和末期。

〔註126〕 （清）譚瑀等纂修：《略陽縣志》，光緒三十年重刊本//《中國方志叢書·華
北地方·陝西省》（影印本），臺北：成文出版社，1970 年，第 16～17 頁。

〔註127〕 （清）吳言變：《元魏方鎮年表》//《兩晉南北朝十史補編》第 2 冊（據開明
書店版影印），北京：北京圖書館出版社，2005 年，第 508 頁。

圖 1.62　北魏固道鎮圖〔註 128〕

根據《魏書》等，截取自《中國歷史地圖集》之北魏「秦、雍、豳、夏等州，沃野、薄骨律等鎮」圖。圖中標識之區域，為固道鎮可能涉及之區域。

10. 循城鎮

《魏書》卷一九中《景穆十二王中·任城王雲傳附元澄傳》載：

> 梁州氐帥楊仲顯、婆羅、楊卜兄弟及符叱盤等，自以居邊地險，世為山狡。（孝文帝時期）澄至州，量彼風俗，誘導懷附。表送婆羅，授仲顯循城鎮副將，楊卜廣業太守，叱盤固道鎮副將，自餘首帥，各隨才而用之，款附者賞，違命加誅，於是仇池帖然，西南款順。

固道、循城二鎮副將以氐族降附者為之，反映出北魏統治者對西南氐族實力派人物的拉攏。但由於楊仲顯等曾聚眾憑險叛亂，北魏統治者應不會給予楊仲顯、叱盤在軍鎮中過多的權力。

11. 隆城鎮

《魏書》卷一○一《獠傳》載：

> 元恒、元子真相繼為梁州，並無德績，諸獠苦之。其後朝廷以梁益二州控攝險遠，乃立巴州以統諸獠，後以巴酋嚴始欣為刺史。又立（宣武帝時期）隆城鎮，所綰獠二十萬戶，彼謂北獠，歲輸租布，又與外人交通貿易。巴州生獠並皆不順，其諸頭王每於時節謁

〔註 128〕譚其驤主編：《中國歷史地圖集·東晉十六國南北朝時期》，北京：中國地圖出版社，1982 年，截取自北魏「秦、雍、豳、夏等州，沃野、薄骨律等鎮」圖，第 54～55 頁。

見刺史而已。

　　孝昌初，諸獠以始欣貪暴，相率反叛，攻圍巴州。山南行臺勉
諭，即時散罷。自是獠諸頭王相率詣行臺者相繼，子建厚勞賚之。
始欣見中國多事，又失彼心，慮獲罪譴。時蕭衍南梁州刺史陰子春
扇惑邊陲，始欣謀將南叛。始欣族子愷時為隆城鎮將，密知之，嚴
設邏候，遂禽蕭衍使人，並封始欣詔書、鐵券、刀劍、衣冠之屬，
表送行臺。子建乃啟以鎮為南梁州，愷為刺史，發使執始欣，囚於
南鄭。

　　由以上史料可知，北魏設置隆城鎮，目的在於管控西南地區獠人勢力與
鞏固西南邊疆防守。

　　民國《巴中縣志》第一編《地釋》載：

　　　　後魏正始元年，梁州刺史夏侯道遷舉漢中地降魏。魏以梁益二
　　州控攝險遠，踞漢昌郡治，置大谷郡，以鎮撫群獠。延昌三年，遂
　　置巴州。〔註129〕

　　民國《閬中縣志》卷九《古蹟》載：

　　　　隆城鎮，西魏置，今無考。魏正始後，以梁益二州控攝險遠，
　　乃立隆城鎮，孝昌中改為南梁州。〔註130〕

　　民國《閬中縣志》卷二《疆域》載：

　　　　閬中地勢居三巴上游，為兩川屏蔽。北通漢沔，西控梓鹽，東
　　達巴山諸峽口，三路交通皆會集於此。且嘉陵上游諸水亦至此而合
　　為一川。故此地實扼水陸之咽喉，為川北之門戶。〔註131〕

　　根據以上史料，首先，《閬中縣志》中「西魏置」應為「北魏置」。其次，
隆城鎮應位於今四川南充閬中地區，具體方位暫無考。所以，楊守敬在《歷
代輿地沿革圖·北魏地形志圖》中將隆城鎮置於閬中以東、巴中以西，與《閬
中縣志》相印證。

〔註129〕張仲孝等修，馬文燦等纂，余震等續纂：《民國巴中縣志》//《中國地方志集
　　　　成·四川府縣志輯》第62冊（影印本），成都：巴蜀書社，1992年，第819
　　　　頁。
〔註130〕岳永武修，鄭鍾靈等纂：《民國閬中縣志》//《中國地方志集成·四川府縣志
　　　　輯》第56冊（影印本），成都：巴蜀書社，1992年，第664頁。
〔註131〕岳永武修，鄭鍾靈等纂：《民國閬中縣志》//《中國地方志集成·四川府縣志
　　　　輯》第56冊（影印本），成都：巴蜀書社，1992年，第632頁。

圖 1.63　北魏隆城鎮所在區域圖〔註132〕

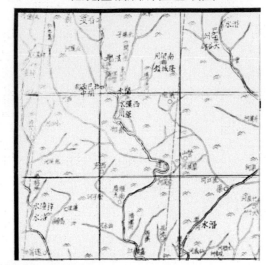

12. 濟陰鎮

《魏書》未直接記載北魏置濟陰鎮。但由《魏書》卷三八《刁雍傳》所載：

> 雍遂鎮尹卯固。又詔令南入，以亂賊境。雍攻克項城。會有敕追令隨機立效，雍於是招集譙、梁、彭、沛民五千餘家，置二十七營，遷鎮濟陰。延和二年，立徐州於外黃城，置譙、梁、彭、沛四郡九縣，以雍為平南將軍、徐州刺史，賜爵東安侯。在鎮七年，太延四年，征還京師，頻歲為邊民所請。世祖嘉之，真君二年復授使持節、侍中、都督揚豫兗徐四州諸軍事、征南將軍、徐豫二州刺史。

則可以看出，刁雍在神䴥四年（431）至太延四年（438）所鎮守之濟陰，明顯以軍鎮性質出現。北魏濟陰郡及濟陰鎮主要轄境，在今山東菏澤曹縣，曹縣在古代又稱曹州。乾隆二十一年《曹州府志》卷三《輿地志‧山川》載「曹土多平原，無崇山峻嶺」〔註133〕，明顯反映出濟陰境內無地利優勢。而太武帝時期，濟陰地近北魏南疆，隨時會受到江南劉宋的襲擾。所以，刁雍基於鞏固濟陰防守的目的，實行移民實邊政策，將所招集的譙、梁、彭、沛之地五千餘戶遷徙至濟陰，一方面，可充實南疆邊地的人口規模，有助於當地農業生產；另一方面，可充實濟陰當地的防禦力量。

〔註132〕（清）楊守敬：《歷代輿地沿革圖‧北魏地形圖》，臺北：聯經出版事業公司，1981 年，第 67 頁。

〔註133〕周尚質、劉藻：《曹州府志》，乾隆二十一年刊本，哈佛大學哈佛燕京圖書館藏。

圖 1.64 濟陰鎮所在曹州縣境圖〔註134〕

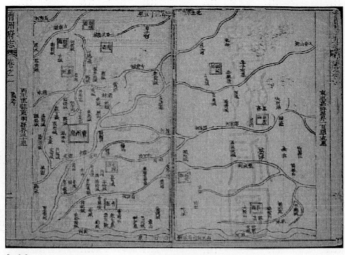

13. 虎牢鎮

《魏書》卷一〇六中《地形志中》載：

> 北豫州。後漢治譙，魏治汝南安城，晉治項。司馬德宗置司州。
> 泰常中復，治虎牢，太和十九年罷，置東中府，天平初罷，改復。

《魏書》卷三八《韓延之傳》載：

> 太常二年，與司馬文思來入國，以延之為虎牢鎮將，爵魯陽侯。

《魏書》卷三〇《王建傳附王度傳》載：

> （王）度，太宗時為虎牢鎮監軍。

《魏書》卷三《明元帝紀》載：

> （泰常）二年春二月……辛酉，司馬德宗滎陽守將傅洪，遣使
> 詣叔孫建，請以虎牢降，求軍赴接；德宗譙王司馬文思遣使王良詣
> 闕上書，請軍討劉裕。詔司徒長孫嵩率諸軍邀擊劉裕，戰於畔城，
> 更有負捷。

若僅據上述史料，北魏明元帝泰常二年，東晉滎陽太守傅洪以虎牢之地
降於北魏；北魏便在虎牢設置虎牢鎮，以加強對新占之地以及南疆地區的防
守。但《魏書》亦有記載表明，北魏明元帝雖設置虎牢鎮，但北魏並未牢固控
制虎牢及附近地區，泰常二年之後的一段時間內，北魏與江南政權就虎牢展
開了頻繁爭奪。如《魏書》卷三《明元帝紀》載：

〔註134〕周尚質、劉藻：《曹州府志》，乾隆二十一年刊本，哈佛大學哈佛燕京圖書館
　　　　藏。

（泰常）八年正月……司空奚斤既平兗豫，還圍虎牢，劉義符
守將毛德祖距守不下。

（泰常八年）夏四月丁卯，幸成皋城，觀虎牢。而城內乏水，
懸絚汲河。

（泰常八年）閏月……虎牢潰，獲劉義符冠軍將軍、司州刺史、
觀陽伯毛德祖，冠軍司馬、滎陽太守翟廣，建威將軍竇霸，振武將
軍姚勇錯，振威將軍吳寶之，司州別駕姜元興，治中竇溫。

《魏書》卷四上《太武帝紀上》載：

（神䴥元年）閏月辛巳，義隆又遣將王玄謨、兗州刺史竺靈秀
步騎二千人寇滎陽，將襲虎牢。

（神䴥三年）冬十月庚申，到彥之、王仲德沿河置守，還保東
平。乙亥，冠軍將軍安頡濟河，攻洛陽，丙子，拔之，擒度隆將二
十人，斬首五千級。時河北諸軍會于七女津，彥之恐軍南度，遣將
王蟠龍泝流欲盜官船，征南大將軍杜超等擊破，斬之。辛巳，安頡
平虎牢，義隆司州刺史尹沖墜城死。

上述史料表明北魏明元帝泰常三年（418）至太武帝神䴥三年（430），北
魏與東晉、劉宋在虎牢地區展開頻繁爭奪。神䴥三年後，史籍只有北魏鎮守
虎牢以抵禦江南政權北上的記載。反映出神䴥三年以後，北魏才全面控制虎
牢地區，虎牢鎮才全面發揮抵禦江南勢力侵擾、捍衛北魏南疆安全的作用。
如《魏書》卷一六《道武七王·陽平王熙傳附拓跋他傳》所載「從世祖討山胡
白龍於西河，屠其城，別破餘黨，斬首數千級。改封臨淮王，拜鎮東將軍。尋
改封淮南王，除使持節、都督豫洛河南諸軍事、鎮南大將軍、開府儀同三司，
鎮虎牢。威名甚著……拜使持節、都督雍秦二州諸軍事、鎮西大將軍、開府
儀同三司、雍州刺史，鎮長安。綏撫秦土，得民夷之心。時義隆寇南鄙，以他
威信素著，（太武帝時期）復為虎牢鎮都大將」便鮮明反映出虎牢鎮在北魏南
疆諸軍鎮中扮演著中流砥柱的角色。正由於虎牢鎮在北魏南疆防守中的獨當
一面，虎牢鎮將還擁有指揮臨近地區軍事事務的權力，進而形成虎牢鎮都督
區。如《魏書》卷四〇《陸俟傳》載：

世祖親征赫連昌，詔俟督諸軍鎮大磧，以備蠕蠕。車駕還，復
典選部蘭臺事。與西平公安頡督諸軍攻虎牢，克之，賜爵建業公，
拜冀州刺史，仍本將軍。時考州郡治功，唯俟與河內太守丘陳為天

下第一。轉都督洛豫二州諸軍事、本將軍、虎牢鎮大將。

據此，首先，陸俟為虎牢鎮都督區的最高軍事長官，擁有專制虎牢鎮、洛州與豫州的權力。其次，陸俟任職虎牢鎮將時，虎牢鎮都督區由於轄有洛州與豫州，因此其疆域甚為廣闊。

虎牢鎮將亦有指揮臨近郡級政區軍事事務的情況，如《魏書》卷三一《于栗磾傳》載：

> 世祖之征赫連昌，敕栗磾與宋兵將軍、交趾侯周幾襲陝城。昌弘農太守曹達不戰而走。乘勝長驅，仍至三輔。進爵為公，加安南將軍。平統萬，遷蒲坂鎮將。時弘農、河內、上黨三郡賊起，栗磾討之。轉虎牢鎮大將，加督河內軍。

于栗磾任虎牢鎮大將，指揮河內郡軍事事務，是為平定河內郡叛亂。

虎牢鎮，在今河南省鄭州市滎陽西部。民國十七年鉛印本《汜水縣志》卷一《地理·險要》載「虎牢為東西之琯轂，玉門為南北之咽喉。兩崖壁立，一線羊腸。俯侵大河，仰逼重險。有一夫當關，萬夫莫近之勢。所謂一舉足而關天下之輕重，為自古有天下者所必爭」〔註135〕，足見虎牢地處地勢衝要之地，具有極高的軍事價值。

14. 洛城鎮

《魏書》卷三八《王慧龍傳》載：

> 泰常二年，姚泓滅，慧龍歸國。太宗引見與言，慧龍請效力南討，言終，俯而流涕，天子為之動容。謂曰：「朕方混一車書，席卷吳會，卿情計如此，豈不能相資以眾乎？」然亦未之用。後拜洛城鎮將，配兵三千人鎮金墉。既拜十餘日，太宗崩。世祖初即位，咸謂南人不宜委以師旅之任，遂停前授。

金墉在洛陽附近，則洛城鎮亦在洛陽地區。

15. 陝城鎮

《魏書》卷二四《崔玄伯傳附崔寬傳》載：

> 初，寬之通款也，見司徒浩。浩與相齒次，厚存撫之。及浩誅，以遠來疏族，獨得不坐。遂家於武城，居司空林舊墟，以一子繼浩弟覽妻封氏，相奉如親。寬後襲爵武陵公、鎮西將軍，拜陝城鎮將。

〔註135〕　（民國）田金祺等修，趙束階等纂：《汜水縣志》//《中國方志叢書·華北地方·河南省》（影印本），臺北：成文出版社，1968年，第47頁。

二崤地峻，民多寇劫。寬性滑稽，誘接豪右、宿盜魁帥，與相交結，傾衿待遇，不逆微細。是以能得民庶忻心，莫不感其意氣。時官無祿力，唯取給於民。寬善撫納，招致禮遺，大有受取，而與之者無恨。又弘農出漆蠟竹木之饒，路與南通，販貿來往。家產豐富，而百姓樂之。諸鎮之中，號為能政。及解鎮還京，民多追戀，詣闕上章者三百餘人。書奏，高祖嘉之。

《魏書》卷四上《太武帝紀上》載：

> （始光三年）九月，遣司空奚斤率義兵將軍封禮、雍州刺史延普襲蒲坂，宋兵將軍周幾率洛州刺史于栗磾襲陝城。

《魏書》卷三一《于栗磾傳》載：

> 世祖之征赫連昌，敕栗磾與宋兵將軍、交趾侯周幾襲陝城。昌弘農太守曹達不戰而走。乘勝長驅，仍至三輔。

《魏書》卷六一《薛安都傳》載：

> 薛安都，字休達，河東汾陰人也。父廣，司馬德宗上黨太守。安都少驍勇，善騎射，頗結輕俠，諸兄患之。安都乃求以一身份出，不取片資，兄許之，居於別廄。遠近交遊者爭有送遺，馬牛衣服什物充牣其庭。真君五年，與東雍州刺史沮渠康謀逆，事發，奔於劉義隆。後自盧氏入寇弘農，執太守李拔等，遂逼陝城。

根據以上史料可知：首先，陝城鎮位於弘農地區。其次，陝城鎮設置時間，應在始光三年（426）以後。第三，陝城鎮地處險要、交通要衝，亦為防禦江南的一軍事重鎮。

陝城鎮在今河南省三門峽市陝縣地區。民國《陝縣志》卷三《輿地》載「陝縣南枕崇山，北瀕大河，二崤天險，列為屏障」〔註136〕表明陝縣佔據地利之優勢，成為軍事防守重鎮。

16. 大谷鎮

《周書》卷四四《陽雄傳》載：

> 陽雄字元略，上洛邑陽人也。世為豪族。祖斌，上庸太守。父猛，魏正光中，万俟醜奴作亂關右，朝廷以猛商洛首望，乃擢為襄

〔註136〕（民國）歐陽珍修，韓嘉會等纂：《陝縣志》，民國二十五年鉛印本//《中國方志叢書·華北地方·河南省》（影印本），臺北：成文出版社，1968年，第103頁。

威將軍、大谷鎮將，帶胡城令，以禦醜奴。

北魏《劉玉墓誌》云：

君諱玉，字天寶，弘農胡城人。〔註137〕

綜合上述史料可知，大谷鎮與胡城同在弘農地區，且大谷鎮與胡城相距較近。胡城即《水經注》、《漢書》、《隋書》所載之湖城，北周時為湖城郡，隋文帝開皇十六年改為閿鄉縣，閿鄉建置相沿至新中國成立。民國韓嘉會等纂修《新修閿鄉縣志》卷二《輿地》載「南依秦嶺，北濱黃河」〔註138〕，可見大谷鎮所在地亦具備山川地利之優勢，為軍事防守中的重鎮。

圖 1.65　大谷鎮所在閿鄉縣山川圖〔註139〕

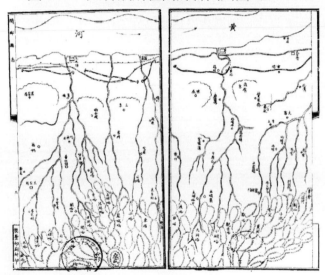

17. 襄城鎮

《魏書》卷二七《穆崇傳附穆吐萬傳》載：

（約文成帝時期）襄城鎮將。

穆吐萬所任襄城鎮，位於《魏書》卷一〇六中《地形志中》所載豫州之襄城郡。

〔註137〕趙超：《漢魏南北朝墓誌彙編》，天津：天津古籍出版社，2008 年，第 212 頁。

〔註138〕（民國）韓嘉會等纂修：《新修閿鄉縣志》，民國二十一年鉛印本//《中國方志叢書·華北地方·河南省》（影印本），臺北：成文出版社，1968 年，第 95 頁。

〔註139〕（民國）韓嘉會等纂修：《新修閿鄉縣志》，民國二十一年鉛印本//《中國方志叢書·華北地方·河南省》（影印本），臺北：成文出版社，1968 年，第 20 ～21 頁。

　　襄城鎮位於今河南省許昌市襄城縣地區。乾隆十一年刊本《襄城縣志》卷一《山川》載「襄城為汴南重地，山水秀拔，甲於隣壤……控帶京洛，蓋中州雄障」〔註140〕，足見襄城鎮亦為河洛地區一防守屏障。

圖1.66　襄城鎮所在襄城縣境圖〔註141〕

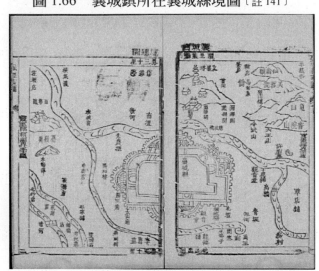

18. 魯陽鎮

《魏書》卷一〇六中《地形志中》載：

　　　　（廣州）魯陽郡。太和十一年置鎮，十八年改為荊州，二十二年罷，置。

《元和郡縣圖志》卷六《河南道二·汝州》載：

　　　　後魏太和十一年，孝文帝南巡，置魯陽鎮，十八年改鎮為荊州，二十二年罷荊州置魯陽郡，改魯陽縣為北山縣。

　　由此可知：首先，魯陽鎮只存在八年，是北魏時期存在時間較短的軍鎮。其次，魯陽鎮是北魏孝文帝南巡過程中設置，除防禦江南的目的，亦應為將來征討江南提前在南方地區進行軍事佈防。

　　魯陽鎮在今河南省平頂山市魯山縣地區〔註142〕。據嘉慶元年《魯山縣志》卷七《地理志·山川》載，魯山縣境有蔓渠山、魯山、孤山、牛蘭山、露山等

〔註140〕（清）汪運正纂修：《襄城縣志》，乾隆十一年刊本//《中國方志叢書·華北地方·河南省》（影印本），臺北：成文出版社，1968年，第75頁。

〔註141〕（清）汪運正纂修：《襄城縣志》，乾隆十一年刊本，哈佛大學漢和圖書館藏。

〔註142〕（清）武億、董作棟總纂：《魯山縣志》，嘉慶元年刊本，哈佛大學漢和圖書館藏。

山脈，由此可見魯陽鎮所在地具備山險之優勢，自然成為北魏南疆地區防禦江南的軍事重鎮。

圖 1.67　魯陽鎮所在魯山縣域總圖〔註 143〕

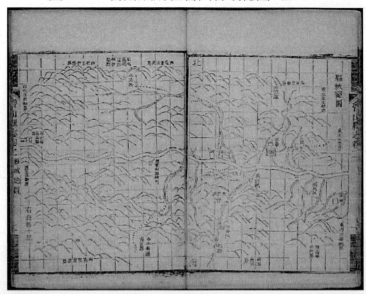

19. 馬圈鎮

《元遙墓誌》云：

> 太和之季，偽賊侵邊，王師親討，軍次馬圈。

《魏書》卷七下《孝文帝紀下》載：

> （太和二十三年二月）顯達攻陷馬圈戍。三月庚辰，車駕南伐。
> 癸未，次梁城。甲申，以順陽被圍危急，詔振武將軍慕容平城率騎
> 五千赴之。丙戌，帝不豫，司徒、彭城王勰侍疾禁中，且攝百揆。
> 丁酉，車駕至馬圈。詔鎮南大將軍、廣陽王嘉斷均口，邀顯達歸路。
> 戊戌，頻戰破之。

《太平寰宇記》卷一四二《山南東道一·鄧州》載：

> 馬圈鎮，在（穰）縣北。後魏立為鎮，即漢涅陽縣地。後魏常
> 以兵戍拒齊，齊大將陳顯達攻圍四十餘日，不下而退，即此城。

結合墓誌、正史文獻與地理總志，馬圈為北魏南部防禦前沿重戍、江南北上必經之地；北魏在馬圈地區首先設置戍級別防禦單位；在太和二十三年，

〔註 143〕　（清）武億、董作棟總纂：《魯山縣志》，嘉慶元年刊本，哈佛大學漢和圖書館藏。

北魏與南齊在馬圈經過激烈爭奪、北魏奪回馬圈戍之後，為加強當地防守，北魏將馬圈戍升為馬圈鎮。

馬圈鎮在今河南省南陽市鄧州地區。乾隆二十年刊本《鄧州志》卷三《疆域附形勝》載「左襟白水，右帶丹江，江漢環其前，雄耳從其後。中原重鎮，四省雄關」、「前列荊山，後峙雄耳，宛葉障其左，鄖谷拱其右。據江漢之上游，處秦楚之扼塞。沃野千里，地稱陸海。故古今談形勝者曰襄鄧，或曰唐鄧。誠域內之雄區，天府之亞選」〔註144〕，足見馬圈鎮亦為北魏南疆地區佔據地利優勢之重鎮。

圖 1.68　馬圈鎮所在鄧州縣境圖〔註145〕

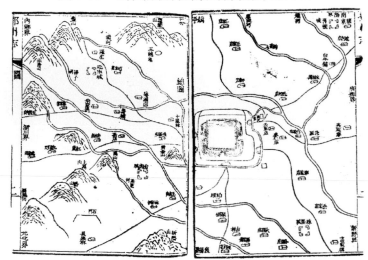

20. 新野鎮

《周書》卷一六《獨孤信傳》載：

> 建明初，出為荊州新野鎮將，帶新野郡守。

據《魏書》，建明為北魏後期長廣王元曄所用之年號，正當北魏孝莊帝永安三年（530）。據《周書》，新野鎮與新野郡轄區應相同。

《魏書》卷三九《李寶傳附李佐傳》又載：

> 車駕征宛鄧，復起佐，假平遠將軍、統軍。蕭鸞新野太守劉忌憑城固守，佐率所領攻拔之。以功封涇陽縣開國子，邑三百戶。沔

〔註144〕（清）姚子琅纂，蔣光祖修：《鄧州志》，乾隆二十年刊本//《中國方志叢書·華北地方·河南省》（影印本），臺北：成文出版社，1976年，第99～100頁。

〔註145〕（清）姚子琅纂，蔣光祖修：《鄧州志》，乾隆二十年刊本//《中國方志叢書·華北地方·河南省》（影印本），臺北：成文出版社，1976年，第40～41頁。

北既平，廣陽王嘉為荊州刺史，仍以佐為嘉鎮南府長史。加輔國將
軍，別鎮新野。及大軍凱旋，高祖執佐手曰：「沔北，洛陽南門。卿
既為朕平之，亦當為朕善守。」

可知：首先，北魏之新野郡當在北魏攻佔南齊新野郡後設置。其次，新
野為洛陽南部門戶，新野固守與否，事關洛陽安危，所以，北魏統治者對新
野地區的防守是非常重視的。第三，李佐被授予輔國將軍，鎮守新野，應是
任新野鎮將，則新野鎮至遲在孝文帝時期就已存在。

新野鎮在今河南省南陽市新野地區。乾隆十九年刊本《新野縣志》卷一
《輿地志·形勝》載「群山列秀，八水環流，陸海舟車，秦楚襟帶。扼南國之
咽喉，實為中州之屏障」〔註146〕，亦反映出新野鎮地處交通要衝、佔據地利
之優勢，可謂北魏洛陽南部乃至北魏南疆地區的重要軍鎮。

圖1.69　北魏新野鎮所在新野縣境圖〔註147〕

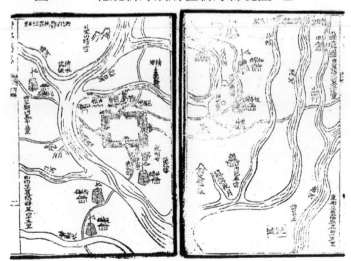

21. 長社鎮

《魏書》卷六一《畢眾敬傳附常珍奇傳》：

常珍奇者，汝南人也。為劉駿司州刺史，亦與薛安都等推立劉
子勛。子勛敗，遣使馳告長社鎮請降，顯祖遣殿中尚書元石為都將，
率眾赴之。

〔註146〕（清）徐金位纂修：《新野縣志》，乾隆十九年刊本//《中國方志叢書·華北
地方·河南省》（影印本），臺北：成文出版社，1976年，第87頁。

〔註147〕（清）徐金位纂修：《新野縣志》，乾隆十九年刊本//《中國方志叢書·華北
地方·河南省》（影印本），臺北：成文出版社，1976年，第10～11頁。

《魏書》卷六一《薛安都傳》又載：

> 和平六年，劉彧殺其主子業而自立，群情不協，共立子業弟晉
> 安王子勛，安都與沈文秀、崔道固、常珍奇等舉兵應之。彧遣將張
> 永討安都，安都遣使來降，請兵救援。顯祖召群臣議之⋯⋯顯祖納
> 之。安都又遣第四子道次為質，並與李敷等書，絡繹相繼。

可知薛安都應在獻文帝天安元年（466）降附北魏，進而可知長社鎮至遲
在北魏文成帝時期就已設置。

長社鎮在今河南省許昌市長葛地區〔註 148〕。民國十九年鉛印本《長葛縣
志》卷一《輿地志·山岡》載長葛地區有陘山、紫金山、玲瓏山、趙家岡〔註 149〕
等山岡，地利之優勢亦較突出，可謂長社鎮扼守地勢險要之處。

圖 1.70　長社鎮圖〔註 150〕

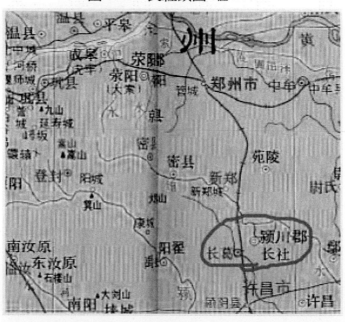

根據《魏書》等，截取自《中國歷史地圖集》之北魏「司、豫、荊、洛等州」圖。圖
中標識之區域，為長社鎮可能涉及之區域。

〔註 148〕年發松：《北魏軍鎮考補》//武漢大學歷史系魏晉南北朝隋唐史研究室：《魏
　　　　　晉南北朝隋唐史資料》第七期，1985 年，第 73 頁。

〔註 149〕陳鴻疇修，劉盼遂纂：《長葛縣志》，民國十九年鉛印本//《中國方志叢書·
　　　　　華北地方·河南省》（影印本），臺北：成文出版社，1976 年，第 30～35 頁。

〔註 150〕譚其驤主編：《中國歷史地圖集·東晉十六國南北朝時期》，北京：中國地圖
　　　　　出版社，1982 年，截取自北魏「司、豫、荊、洛等州」圖，46～47 頁。

22. 下溠鎮

《元和郡縣圖志》卷二一《山南道二‧隨州》載：

> 唐城縣，本漢隨縣地，梁於此置下溠戍。後末魏，改為下溠鎮。

《太平寰宇記》卷一四四《山南東道三‧隨州‧棗陽縣》載：

> 下溠戍，梁天監中置，在縣東南一百里。後魏宣武帝正光初南
> 伐，破之，置為鎮，後梁又收復之，即為郡，即此戍也。

《北齊書》卷二二《李元忠傳附李愍傳》載：

> 太昌初，除太府卿。後出為南荊州刺史、當州大都督。此州自
> 孝昌以來，舊路斷絕，前後刺史皆從間道始得達州。愍勒部曲數千
> 人，徑向懸瓠，從比陽復舊道，且戰且前三百餘里，所經之處，即
> 立郵亭，蠻左大服。梁遣其南司州刺史任思祖、隨郡太守桓和等率
> 馬步三萬，兼發邊蠻，圍逼下溠戍。愍躬自討擊，破之。詔加車騎
> 將軍。愍於州內開立陂渠，溉稻千餘頃，公私賴之。轉行東荊州，
> 仍除驃騎將軍、東荊州刺史、當州大都督，加散騎常侍。

圖 1.71　下溠鎮所在棗陽縣境圖〔註 151〕

〔註 151〕（清）甘定遇修，雄天章纂：《棗陽縣志》，乾隆年間刊本//《中國地方志集
　　　　成‧湖北府縣志輯》第 67 冊（影印本），南京：江蘇古籍出版社，2001 年，
　　　　第 14 頁。

根據上述資料，首先，《太平寰宇記》中的「後魏宣武帝正光初」應為「後魏孝明帝正光初」，進而可知北魏之下溠鎮源自於江南梁之下溠戍。其次，北魏孝武帝時期，江南梁攻佔北魏下溠鎮。

下溠鎮在今湖北省襄樊市棗陽地區。乾隆年間刊本《棗陽縣志》卷二《疆域附形勢》載「霸山壁立於東，江漢環繞於西，南有白水之前縈，北有唐河之後阻。其中土地廣衍，四山拱圍，為襄外屏」〔註152〕，可見棗陽佔據山川地利之優勢，為長江中游北部一軍事重鎮，其佔有與否，事關江南長江中游北部防線的鞏固、北方勢力能否南下江南。正由於此，地處棗陽的下溠鎮（戍）成為北魏與江南梁之間相互爭奪的地帶。

23. 梁國鎮

《魏書》卷四四《費於傳附費萬傳》載：

> 太和初，除平南將軍、梁國鎮將。後高祖南伐，萬從駕渡淮，戰歿。

據《魏書》卷一〇六中《地形志中》，北魏南兗州梁郡治所為梁國。費萬所任職之梁國鎮，即位於梁郡治所。

《魏書》卷五七《崔挺傳附崔孝芬傳》又載：

> 永安二年，莊帝聞元顥有內侵之計，敕孝芬南赴徐州。顥遂潛師向考城，擒大都督、濟陰王暉業，乘勝徑進，遣其後軍都督侯暄守梁國以為後援。孝芬勒諸將馳往圍暄，恐顥遣援，乃急攻之，晝夜不息。五日，暄遂突出，擒斬之，俘其卒三千餘人。莊帝還宮，援西兗州刺史，將軍如故。孝芬久倦外役，固辭不行，乃除太常卿。

《魏書》卷七四《尒朱榮傳》又載：

> 建義初，北海王元顥南奔蕭衍，衍乃立為魏主，資以兵將。時邢杲寇亂三齊，與顥應接。朝廷以顥孤弱，不以為慮。永安二年春，詔大將軍元穆先平齊地，然後回師征顥。顥以大軍未還，乘虛徑進，既陷梁國，鼓行而西，滎陽、虎牢並皆不守。

可見梁國能否固守，事關北魏南方部分地區的形勢穩定以及江南勢力能否順利北上。

〔註152〕（清）甘定遇修，雄天章纂：《棗陽縣志》，乾隆年間刊本//《中國地方志集成·湖北府縣志輯》第67冊（影印本），南京：江蘇古籍出版社，2001年，第17頁。

梁國鎮在今河南省商丘市地區。民國二十一年石印本《商丘縣志》卷一《城內附形勢》載「實江淮之屏障，而河洛之襟喉」〔註153〕，反映出梁國鎮地處樞紐，為北魏南疆地區的重要軍鎮。

24. 瑕丘鎮

《魏書》卷五五《游明根傳》載：

> 顯祖初，以本將軍出為東青州刺史，加員外常侍。遷散騎常侍、平東將軍、都督兗州諸軍事、瑕丘鎮將，尋就拜東兗州刺史，改爵新泰侯。為政清平，新民樂附。

《魏書》卷三〇《丘堆傳附丘麟傳》載：

> （獻文帝時期）出為瑕丘鎮將、假平南將軍、東海公。

根據以上史料，至遲在北魏獻文帝時期，瑕丘鎮就已設置。

《魏書》卷一〇六中《地形志中》載：

> 兗州。後漢治山陽昌邑，魏、晉治瑕丘，劉義隆治瑕丘，魏因之。

《魏書》卷六《獻文帝紀》又載：

> （天安元年）十有一月壬子，劉彧兗州刺史畢眾敬遣使內屬。

由此可見北魏設置瑕丘鎮，應在天安元年劉宋兗州刺史畢眾敬以兗州降附北魏之後。由於兗州新附，為有效控制當地形勢，北魏在兗州治所瑕丘設置瑕丘鎮以管理當地軍事事務。

瑕丘鎮在今山東省濟寧市兗州地區，濟寧兗州地區古稱瑕丘〔註154〕。康熙十一年刊本《滋陽縣志》卷一《土地部·形勝》載「山河不遠，環拱依然」、「境帶龜蒙，地隣鳧繹」、「河濟之間，其地卑下，而水所沮洳者甚多」〔註155〕，可見瑕丘鎮所處之地理優勢雖不如佔據山川地利者，但亦有山河環拱，可做為防守中的屏障。

〔註153〕（清）劉德昌修，葉沄纂：《商丘縣志》，民國二十一年石印本//《中國方志叢書·華北地方·河南省》（影印本），臺北：成文出版社，1968年，第72頁。

〔註154〕陳明源：《中國縣級以上政區歷史名稱錄》，杭州：西泠印社，2011年，第161頁。

〔註155〕（清）李瀠：《滋陽縣志》，康熙十一年刊本，哈佛大學哈佛燕京圖書館藏。

圖 1.72　瑕丘鎮所在兗州地域圖〔註 156〕

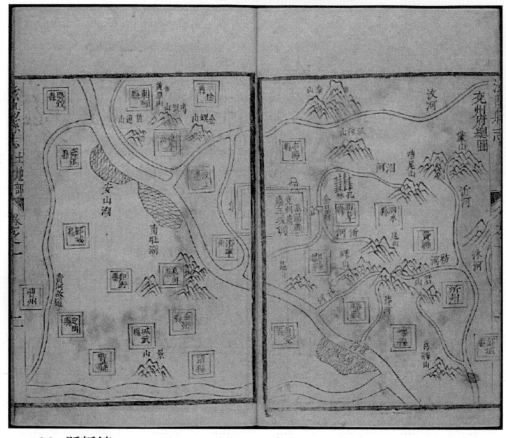

25. 懸瓠鎮

《魏書》卷三〇《尉撥傳》載：

> 顯祖即位，為北征都將。復為都將，南攻懸瓠，破劉彧將朱湛
> 之水軍三千人，拜懸瓠鎮將，加員外散騎常侍，進爵安城侯。顯祖
> 嘉其聲效，復賜衣服。

上述史料表明北魏獻文帝時就已有懸瓠鎮。

另據《魏書》卷六《獻文帝紀》所載：

> （天安元年）九月，劉彧司州刺史常珍奇以懸瓠內屬。

《魏書》卷一〇六中《地形志中》載：

> 豫州。劉義隆置司州，治懸瓠城，皇興中改。

可見北魏懸瓠鎮之設置，應在天安元年（466）以後的皇興年間（467～

〔註 156〕（清）李滋：《滋陽縣志》，康熙十一年刊本，哈佛大學哈佛燕京圖書館藏。

470）；豫州與懸瓠鎮同時存在，治所亦在同一地。

另據《魏書》卷六五《邢巒傳》載：

> 豫州城民白早生殺刺史司馬悅，以城南入，蕭衍遣其冠軍將軍齊苟仁率眾入據懸瓠。詔巒持節率羽林精騎以討之。封平舒縣開國伯，食邑五百戶，賞宿豫之功也。世宗臨東堂，勞遣巒曰：「司馬悅不慎重門之戒，智不足以謀身，匪直喪元隸豎，乃大虧王略。懸瓠密邇近畿，東南藩捍，度公之在彼，憂慮尤深。早生理不獨立，必遠引吳楚，士民同惡，勢或交兵。卿文昭武烈，朝之南仲，故令卿星言電邁，出其不意。卿言早生走也守也？何時可以平之？」巒對曰：「早生非有深謀大智慧構成此也，但因司馬悅虐於百姓，乘眾怒而為之，民為凶威所懾，不得已而苟附。假蕭衍軍入應，水路不通，糧運不繼，亦成擒耳，不能為害也。早生得衍軍之接，溺於利欲之情，必守而不走。今王師若臨，士民必翻然歸順。圍之窮城，奔走路絕，不度此年，必傳首京師。願陛下不足垂慮。」

《魏書》卷六一《田益宗傳》載：

> 白早生反於豫州，詔益宗曰：「懸瓠要藩，密邇松潁，南疆之重，所寄不輕。」

根據以上史料可見，北魏孝文帝遷都後，新都洛陽地近南疆。在此背景下，懸瓠鎮不僅因捍衛南疆安全以及交通要衝而在南疆諸軍鎮中佔據核心地位，亦因捍衛新都洛陽安全而成為京畿南部重要門戶。正因此，懸瓠成為北魏極力防守、江南政權極力爭奪的地方。

懸瓠鎮在今河南省駐馬店市汝南縣地區。據《讀史方輿紀要》卷五十《河南五·汝寧府》所載「禹貢豫州之域……秦屬潁川郡。漢置汝南郡，後漢、魏、晉因之。劉宋立司州於汝南，號其城曰懸瓠」、「（汝南）府北望汴、洛，南通淮、沔，倚荊楚之雄，走陳、許之道，山川險塞，田野平舒，戰守有資，耕吞足恃，介荊、豫之間，自昔襟要處也」可知，懸瓠鎮正因所在地佔有地利之優勢、地處南北交通要衝，成為進可攻、退可守之地，必然成為南北方政權必爭之地。

圖 1.73　北魏懸瓠鎮圖〔註 157〕

根據《魏書》等，截取自《中國歷史地圖集》之北魏「司、豫、荊、洛等州」圖。圖中標識之區域，為懸瓠鎮可能涉及之區域。

26. 彭城鎮

《魏書》卷一〇六中《地形志中》載：

> 徐州。後漢治東海郡，魏、晉治彭城。

《魏書》卷六《獻文帝紀》又載：

> （天安元年）九月，劉彧司州刺史常珍奇以懸瓠內屬……劉彧徐州刺史薛安都以彭城內屬，彧將張永、沈攸之擊安都。詔北部尚書尉元為鎮南大將軍、都督諸軍事，鎮東將軍、城陽公孔伯恭為副，出東道救彭城；殿中尚書、鎮西大將軍、西河公元石，都督荊、豫、南雍州諸軍事，給事中、京兆侯張窮奇為副，出西道，救懸瓠。

據此可知北魏設置徐州與彭城鎮，不得早於天安元年（466）。

另據《魏書》卷五一《孔伯恭傳》載：

> （皇興）二年，以伯恭為散騎常侍、都督徐南兗州諸軍事、鎮東將軍、彭城鎮將、東海公。

《魏書》卷四四《薛野䐗傳附薛虎子傳》載：

> （太和）四年，徐州民桓和等叛逆，屯於五固。詔虎子為南征都副將，與尉元等討平之。以本將軍為彭城鎮將。至鎮，雅得民和。

〔註 157〕譚其驤主編：《中國歷史地圖集·東晉十六國南北朝時期》，北京：中國地圖出版社，1982 年，截取自北魏「司、豫、荊、洛等州」圖，第 46～47 頁。

除開府、徐州刺史。

根據上述史料可見：首先，彭城鎮將行使軍事指揮權之最大範圍，包括徐州與南兗州，其轄區甚為廣闊，因此彭城鎮亦為北魏東南地區一軍事重鎮。其次，北魏徐州與彭城鎮治所為同一地。徐州為北魏東南邊疆地區重州，彭城又地處北魏東南邊防前沿，徐州入魏後，曾多次遭到江南的進攻。在此背景下，北魏統治者以彭城鎮將統轄徐州軍政事務，是為有效鞏固東南邊疆防禦，讓彭城鎮有效發揮在邊疆防禦中的作用。

彭城鎮在今江蘇省徐州市銅山縣地區。民國十五年刊本《銅山縣志》卷九《輿地考》載「北控齊魯，南扼濠泗，東襟江淮，西帶梁宋。據中原之吭，楚漢六朝以來為用武者所必爭之地」〔註158〕，可見彭城鎮及其所在地區為東部地區連接南北方之交通要衝，其控制權的掌握，事關北魏東南地區形勢的穩定以及北魏以彭城鎮為根據地進而形成對江南東北地區的威懾之勢。

圖 1.74　北魏彭城鎮圖〔註159〕

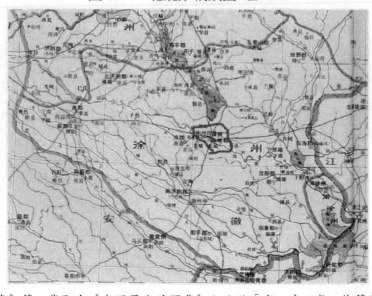

根據《魏書》等，截取自《中國歷史地圖集》之北魏「兗、青、齊、徐等州」圖。圖中標識之區域，為彭城鎮可能涉及之區域。

〔註158〕　（民國）余家謨等修，王嘉詵等纂：《銅山縣志》，民國十五年刊本//《中國方志叢書・華中地方・江蘇省》（影印本），臺北：成文出版社，1970年，第621頁。

〔註159〕　譚其驤主編：《中國歷史地圖集・東晉十六國南北朝時期》，北京：中國地圖出版社，1982年，截取自北魏「兗、青、齊、徐等州」圖，第48～49頁。

27. 谷陽鎮

《魏書》卷一〇六中《地形志中》載睢州條載：

> 谷陽郡。治谷陽城。太和中置鎮，世宗開置平陽郡。孝昌中陷，
> 武定六年復，改。

據上述史料，谷陽鎮是北魏時期諸軍鎮中設置較晚者，且其存在時間亦較短。

谷陽鎮在今安徽省宿州市靈璧縣西南地區〔註160〕。《靈璧縣志略》卷一《輿地·山川》載「龍平西北斷而復起者曰五龍山，崗阜連綿，自西而轉，土人目為平山，其南高峰層疊為鳳凰山，堪輿家以龍車為中幹，三注為左護，此其右護也。由此越汴堤西南二十里，群峰叢峙，其東南最高者曰寨子山，寨子之南曰鵝山，北約珠山，西北曰龍山，龍山西南曰齊眉山，齊眉西南曰虎山，虎山西北曰玉石山。其南崗嶺重複，名號難稽，曰磨盤山、曰二郎山、曰觀音山……皆出於土人之指目。最西者曰塔山，不與諸山相接，去縣治三十里，縣西山勢至此而止，此縣境西南諸山之大概」〔註161〕，足見谷陽鎮所在地區亦具備山險之地利優勢。北魏設置谷陽鎮，可憑藉當地地利，做為向江南擴張的跳板。

圖 1.75　北魏谷陽鎮圖〔註162〕

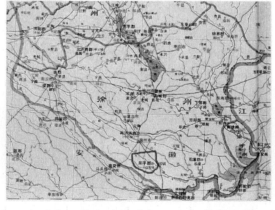

根據《魏書》等，截取自《中國歷史地圖集》之北魏「兗、青、齊、徐等州」圖。圖中標識之區域，為谷陽鎮可能涉及之區域。

〔註160〕《靈璧縣志略》，乾隆二十三年刊本，哈佛大學漢和圖書館藏。
〔註161〕《靈璧縣志略》，乾隆二十三年刊本，哈佛大學漢和圖書館藏。
〔註162〕譚其驤主編：《中國歷史地圖集·東晉十六國南北朝時期》，北京：中國地圖出版社，1982 年，截取自北魏「兗、青、齊、徐等州」圖，第48～49頁。

28. 宿豫鎮

《魏書》卷一〇六中《地形志中》載：

> 東楚州。司馬德宗置宿豫郡。高祖初，立東徐州，後陷，世宗
> 初，改為鎮，後陷。武定七年復改。為宿豫郡。

另據《魏書》卷五一《孔伯恭傳》載：

> （皇興元年）進攻宿豫，劉彧戍將魯僧遵棄城夜遁。又遣將孔
> 太恒等領募騎一千南討淮陽，彧太守崔武仲焚城南走，遂據淮陽。

《魏書》卷五〇《尉元傳》載尉元向獻文帝上書、陳述北魏與劉宋在東部
地區爭奪之形勢：

> 若賊向彭城，必由清泗過宿豫，歷下邳；趨青州，路亦由下
> 邳入沂水，經東安。即為賊用師之要。今若先定下邳，平宿豫，
> 鎮淮陽，戍東安，則青冀諸鎮可不攻而克。若四處不服，青冀雖
> 拔，百姓狼顧，猶懷僥倖之心。臣愚以為宜釋青冀之師，先定東
> 南之地，斷劉彧北顧之意，絕愚民南望之心。夏水雖盛，無津途
> 可因；冬路雖通，無高城可固。如此，則淮北自舉，暫勞永逸。

據此可以看出：首先，宿豫鎮應設置於北魏宣武帝景明年間，可謂北魏
設置時間較晚的軍鎮。其次，早在獻文帝皇興年間，北魏攻佔宿豫之進軍路
線以及劉宋北上征討北魏之行程，便可看出宿豫是當時北魏南下、劉宋北上
必經之地，對宿豫的掌控與否，事關北魏或劉宋能否穩固控制青、冀地區形
勢。

另據《魏書》卷八《宣武帝紀》載：

> （正始三年五月）壬申，蕭衍將張惠紹入寇，陷宿豫。

> （正始三年）九月癸酉，邢巒大破衍軍於宿豫，斬其大將藍懷
> 恭等四十餘人。張惠紹棄宿豫，蕭昞棄淮陽南走，追斬數萬級。徐
> 州平。

> （永平元年十月）丁丑，前宿豫戍主成安樂子景儁殺宿豫戍主
> 嚴仲賢，以城南叛。

> （永平元年）十有一月庚寅，詔安東將軍楊椿率眾四萬攻宿豫。

可知正始三年（506）江南梁攻佔宿豫，進而可見北魏宿豫鎮存在時間較
短。由於宿豫地處南北軍事交通要衝，所以，北魏與梁圍繞宿豫展開了頻繁、

激烈的爭奪。

宿豫鎮在今江蘇省宿遷地區。《宿遷縣志》卷七《疆域》載「中原用兵南北，多故未有舍宿豫而得河濟，蹦睢清而取淮浦也……西控徐邳，東扼淮楚。軍旅商賈，千百餘年，紛錯輻輳，川渠之交，軌道之會，得失之窺鍵，強弱之樞機，與臨淄鄴下，衡其輕重，壤地雖小，形勢則同也」〔註163〕，反映出正因宿豫所處交通要衝之位置，北魏統治者對其控制是非常重視的。

29. 汝陰鎮

《魏書》卷七○《傅永傳》載：

> 裴叔業又圍渦陽，時高祖在豫州，遣永為統軍，與高聰、劉藻、成道益、任莫問等往救之。軍將逼賊，永曰：「先深溝固壘，然後圖之。」聰等不從，裁營輜重，便擊之，一戰而敗。聰等棄甲，徑奔懸瓠。永獨收散卒徐還，賊追至，又設伏擊之，挫其鋒銳。四軍之兵，多賴之以免。永至懸瓠，高祖俱鎖之。聰、藻徙為邊民，永免官爵而已。不經旬日，詔曰：「脩期在後少有擒殺，可揚武將軍、汝陰鎮將，帶汝陰太守。」

> 蕭寶卷將陳伯之侵逼壽春，沿淮為寇。時司徒、彭城王勰，廣陵侯元衍同鎮壽春，以九江初附，人情未洽，兼臺援不至，深以為憂。詔遣永為統軍，領汝陰之兵三千人先援之。

根據以上史料可知：首先，至遲在北魏孝文帝時期，汝陰鎮就已設置。其次，汝陰鎮將傅永帶兵三千馳援北魏新占之九江，反映出汝陰鎮軍事力量當頗為雄厚。第三，汝陰地近長江，為北魏南疆地區突出地帶的重要軍鎮。

汝陰鎮在今安徽省阜陽地區。乾隆二十年《阜陽縣志》卷一《輿地志·形勝》載「襟帶長淮，控扼陳蔡，東連三吳，南引荊汝淮揚之地，北阻塗山，南抗靈嶽，名山四帶，有重險之固」〔註164〕，可見汝陰鎮地處交通要衝、佔據地利之優勢，在北魏抵禦江南政權北上、北魏南征江南中發揮著重要作用。

〔註163〕（清）李德溥修，方駿謨纂：《宿遷縣志》，同治十三年刊本//《中國方志叢書·華中地方·江蘇省》（影印本），臺北：成文出版社，1970年，第717頁。
〔註164〕（清）潘世仁修：《阜陽縣志》，乾隆二十年刊本，哈佛大學漢和圖書館藏。

圖 1.76　北魏汝陰鎮所在阜陽縣境圖〔註165〕

30. 梁城鎮

《魏書》卷八七《節義·晁清傳》載：

> 晁清，遼東人也。祖暉，濟州刺史、穎川公。清襲祖爵，例降
> 為伯。為梁城戍將。蕭衍攻圍，糧盡城陷，清抗節不屈，為賊所殺。
> 世宗褒美，贈樂陵太守，謚曰忠。

據以上史料，宣武帝時期，晁清在梁城鎮任職。上述史料所言之蕭衍遣
軍攻佔梁城，即《魏書》卷八《宣武帝紀》所載「（正始三年）五月……乙亥，
衍將蕭容陷梁城」、《魏書》卷九八《島夷·蕭衍傳》所載「（正始）三年正月，
衍徐州刺史昌義之寇梁城，江州刺史王茂先寇荊州，屯河南城……五月，衍
將蕭昞寇淮陽，張惠紹寇宿豫，蕭密寇梁城，韋叡寇合肥」與《魏書》卷五二
《趙逸傳附趙遐傳》所載「遐，初為軍主，從高祖征南陽。景明初，為梁城戍
主，被蕭衍將攻圍。以固守及戰功，封牟平縣開國子，食邑二百戶」，可見北
魏宣武帝景明三年，江南梁曾佔據梁城。另據《魏書》卷一九下《景穆十二王
下·章武王太洛傳附元融傳》所載「世宗初，復先爵，除驍騎將軍。蕭衍遣
將，寇逼淮陽，梁城陷沒，詔融假節、征虜將軍、別將南討，大摧賊眾，還復
梁城」，可見梁城陷於梁後不久，北魏又收復梁城。應即《魏書》卷一○六中
《地形志中》所載穎州下轄之「財丘、梁興二郡。蕭衍置，魏因之。領縣四……
梁城，蕭衍置，魏因之」。

〔註165〕　（清）潘世仁修：《阜陽縣志》，乾隆二十年刊本，哈佛大學漢和圖書館藏。

另據《魏書》卷七下《孝文帝紀下》載：

> （太和二十三年）三月庚辰，車駕南伐。癸未，次梁城。甲申，
> 以順陽被圍危急，詔振武將軍慕容平城率騎五千赴之。

可知孝文帝時，北魏就已有梁城。

又據《魏書》卷二七《穆崇傳附穆度孤傳》載：

> 平南將軍、梁城鎮將。

《魏書》卷二七《穆崇傳》載穆度孤父穆應國之兄穆平國活躍於北魏太武帝時期，據此可審慎推知，穆度孤約在孝文帝後期至宣武帝前期任梁城鎮將。

根據以上論述，可以審慎認為，嚴耕望先生認為在北魏獻文帝天安年間懸瓠、彭城入魏時，「梁城亦同時入魏，因置梁城鎮，後乃陷於蕭衍改置為縣」〔註166〕之觀點大體可信。

31. 郊城鎮

《魏書》卷八八《良吏·鹿生傳》載：

> 鹿生，濟陰乘氏人。父壽興，沮渠牧犍庫部郎。生再為濟南太
> 守，有治稱。顯祖嘉其能，特徵赴季秋馬射，賜以驄馬，加以青服，
> 彰其廉潔。前後在任十年。時三齊始附，人懷苟且，蒲博終朝，頗
> 廢農業。生立制斷之，聞者嗟善。後歷徐州任城王澄、廣陵侯元衍
> 征東、安南二府長史，帶淮陽太守、郊城鎮將。年七十四，正始中
> 卒。

據《魏書》卷一九中《景穆十二王中·任城王雲傳附元澄傳》載元澄約在太和十四年至十八年間任徐州刺史，則鹿生亦在此間任郊城鎮將，可見郊城鎮至遲在北魏孝文帝時期就已設置。

《魏書》卷九八《島夷蕭衍傳》載：

> （永平）四年春三月，衍琅邪郡民王萬壽等斬衍輔國將軍、琅
> 邪東莞二郡太守、帶昫山戍主劉晰並將士四十餘人，以城內屬。徐
> 州刺史盧昶遣兼郊城戍副張天惠率眾赴之，而衍鬱洲已遣二軍以拒
> 天惠，天惠與萬壽等內外齊擊，俘斬數百。

〔註166〕嚴耕望：《中國地方行政制度史·魏晉南北朝地方行政制度》卷下《北朝地方行政制度》第十一章《北魏軍鎮》，上海：上海古籍出版社，2007年，第749頁。

上述史料反映出：一方面，宣武帝時期，郯城鎮仍然存在。另一方面，郯城鎮亦地處北魏南疆東部地區前沿，其防禦方向為江南梁的北青州。

郯城鎮在今山東省臨沂市郯城縣地區。乾隆二十八年刊本《郯城縣志》卷一《輿地·形勝》載「南控淮津，北接琅琊，沭水經其東，沂河環其西。首全齊，尾東魯，抵秦門，距圯上。為南來之要衝，實東州之嚴邑」〔註167〕，可見郯城鎮地處交通要衝，為北魏南疆東部地區重要軍鎮。

圖 1.77　北魏郯城鎮圖〔註168〕

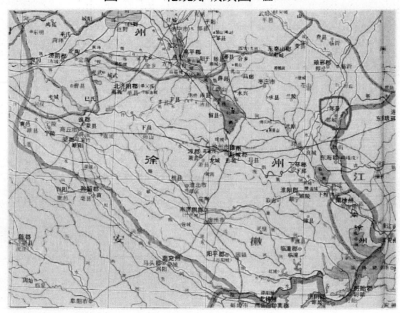

根據《魏書》等，截取自《中國歷史地圖集》之北魏「兗、青、齊、徐等州」圖。圖中標識之區域，為郯城鎮可能涉及之區域。

32. 團城鎮

《魏書》卷八六《孝感·趙琰傳》載：

> 皇興中，京師儉，婢簡粟糲之，琰遇見切責，敕留輕糺。嘗送子應冀州娉室，從者於路偶得一羊，行三十里而琰知之，令送於本處。又過路傍，主人設羊羹，琰訪知盜殺，卒辭不食。遣人買邽刃，

〔註167〕（清）王植、張金城等纂修：《郯城縣志》，乾隆二十八年刊本//《中國方志叢書·華北地方·山東省》（影印本），臺北：成文出版社，1976 年，第 55 頁。

〔註168〕譚其驤主編：《中國歷史地圖集·東晉十六國南北朝時期》，北京：中國地圖出版社，1982 年，截取自北魏「兗、青、齊、徐等州」圖，第 48～49 頁。

得剩六耜，即令送還刃主。刃主高之，義而不受，琰命委之而去。
初為兗州司馬，轉（孝文帝時期）團城鎮副將。

《魏書》卷五〇《尉元傳》載：

> 劉彧東徐州刺史張讜據團城，徐州刺史王玄載守下邳，輔國將
> 軍、兗州刺史、樊昌侯王整，龍驤將軍、蘭陵太守桓忻驅掠近民，
> 保險自固。元遣慰喻，張讜及青州刺史沈文秀等皆遣使通誠，王整、
> 桓忻相與歸命。

《魏書》卷五四《高閭傳》載：

> 文明太后臨朝，誅渾，引閭與中書令高允入於禁內，參決大政，
> 賜爵安樂子。加南中郎將，與鎮南大將軍尉元南赴徐州，閭先入彭
> 城，收管籥，元表閭以本官領東徐州刺史，與張讜對鎮團城。

綜合上述史料，可以看出尉元傳、高閭傳所載團城與趙琰傳所載團城為同一地。

《魏書》中共有三處團城，除上述記載之團城，一為團城縣，建義元年（528）設置，屬晉州義寧郡；一為顯州武昌郡治所團城，武定四年（546）設置；上述兩團城非團城鎮之團城。

綜上所述，可知《魏書》卷一〇六中《地形志中》所載「南青州。治國城。顯祖置，為東徐州，太和二十二年改」之「國城」應為「團城」之誤。

團城鎮在今山東省臨沂市沂水縣〔註169〕。山東省沂水縣地方史志編纂委員會編《沂水縣志》「泰薄頂山脈，位於縣境北部、東北部，是沂山延伸部分，走向東北—西南，為全縣北部的天然屏障」、「狼炕子山脈，位於縣境西部，石泗公路以北，走向西北—東南」、「高板場山脈，位於縣境西南部，石泗公路以南，峰、坪、崮相間分布」、「長虹嶺山脈，位於縣境東部，沂河以東，南北走向，北自雞叫山西南麓，向南延伸，直至與沂南縣交界處。西起跋山，東至與莒縣交界處」〔註170〕，可見團城鎮亦地處地勢險要、交通衝要之地，團城鎮地區能否固守，事關北魏南下與江南勢力北上。因此，北魏對團城地區志在必得、極力固守。

〔註169〕陳明源：《中國縣級以上政區歷史名稱錄》，杭州：西泠印社，2011 年，第159 頁。

〔註170〕山東省沂水縣地方史志編纂委員會編：《沂水縣志》，濟南：齊魯書社，1997年，第 93～95 頁。

圖 1.78　北魏團城鎮圖〔註171〕

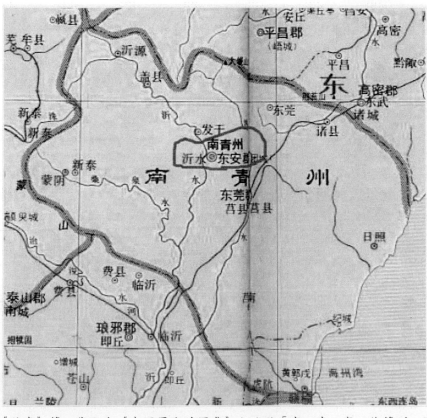

根據《魏書》等，截取自《中國歷史地圖集》之北魏「兗、青、齊、徐等州」圖。圖中標識之區域，為團城鎮可能涉及之區域。

33. 臨海鎮

《元和郡縣圖志》卷一一《河南道七·海州》載：

> 東海縣，本漢贛榆縣地，俗謂之鬱州……宋明帝失淮北地，乃於鬱州上僑立青州。地後入魏，魏改青州為海州又於此置臨海鎮。高齊廢臨海鎮。

另據《魏書》卷六《獻文帝紀》載：

> （皇興元年）閏月……劉彧青州刺史沈文秀、冀州刺史崔道固並遣使請舉州內屬，詔平東將軍長孫陵，平南將軍、廣陵公侯窮奇赴援之。

〔註171〕譚其驤主編：《中國歷史地圖集·東晉十六國南北朝時期》，北京：中國地圖出版社，1982年，截取自北魏「兗、青、齊、徐等州」圖，第48～49頁。

《魏書》卷一〇六中《地形志中》載海州轄有海西郡：

> 海西郡。蕭鸞置東海郡，武定七年改置。領縣三……臨海。蕭
> 衍置，魏因之。

綜合上述史料，臨海鎮應設置於北魏後期。

臨海鎮在今江蘇省連雲港市灌雲縣。《灌雲縣志》載灌雲縣「東臨黃海，北抵雲台山麓，地形地貌簡單，除分布有孤島狀低山殘丘及西部狹長的岡嶺外，其餘均為海陸交互沉積的濱海平原」〔註172〕，可以看出臨海鎮所佔地利優勢不甚明顯。

第四節　西部地區軍鎮

1. 高平鎮

《通典》卷一七三《州郡三》載：

> 原州。春秋時屬秦，始皇屬北地郡。漢屬安定郡，後漢因之。
> 晉屬新平郡。後魏太武帝置高平鎮，後為太平郡兼置原州。

另據《魏書》卷一〇六下《地形志下》載：

> 原州。太延二年置鎮，正光五年改置，並置郡縣。治高平城。
> 領郡二，縣四。
> 高平郡，領縣二。高平，里亭。
> 長城郡，領縣二。黃石，白池。

結合《通典》與《魏書》可知：首先，《魏書》所言「太延二年置鎮」，為高平鎮。其次，《通典》所言之太平郡應為高平郡。

《于景墓誌》云：

> 延昌中，朝廷以河西二鎮，國之蕃屏，總旅率戎，實歸英桀，遂除君為寧朔將軍、薄骨律高平二鎮大將。君乃撫之以仁恩，董之以威信，遂能斷康居之左肩，解凶奴之右臂。西北之無虞者，實君是賴。

根據誌文可見高平鎮實為北魏河西地區的軍事重鎮。

高平鎮城，在今甘肅省固原地區。

〔註172〕江蘇省灌雲縣地方志編纂委員會編：《灌雲縣志》，北京：方志出版社，1999年，第126頁。

圖 1.79 北魏高平鎮圖〔註173〕

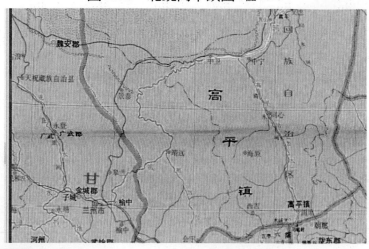

2. 三縣鎮

《元和郡縣圖志》卷三《關內道三·寧州》載：

　　始皇分三十六郡，此為北地郡，即義渠舊地也。漢氏因之，後漢移北地郡居富平故城是也。後魏延興二年為三縣鎮，孝文帝太和十一年改置班州，十四年改為邠州。

《魏書》卷一〇六下《地形志下》載：

　　豳州皇興二年為華州，延興二年為三縣鎮，太和十一年改為班州，十四年為邠州，二十年改焉。

　　將《元和郡縣圖志》與《魏書》對比可知，《魏書》中的「三縣擬」應為「三縣鎮」。

　　三縣鎮在今甘肅省慶陽市寧縣〔註174〕。寧縣地區「山原相交，河溪縱橫，壑谷深險，梁峁參差……因為鑲邊陲而近京畿，被視為關隴要塞，三秦之屏障」〔註175〕。可見三縣鎮控扼河西地勢險要之地。

3. 安定鎮

《魏書》卷四上《太武帝紀上》載：

　　（延和二年二月）征西將軍金崖與安定鎮將延普及涇州刺史狄

〔註173〕譚其驤主編：《中國歷史地圖集·東晉十六國南北朝時期》，北京：中國地圖出版社，1982年，截取自北魏「秦、雍、豳、夏等州，沃野、薄骨律等鎮」圖，第54～55頁。
〔註174〕《寧縣志》編委會：《寧縣志》，蘭州：甘肅人民出版社，1988年，第24頁。
〔註175〕《寧縣志》編委會：《寧縣志》，蘭州：甘肅人民出版社，1988年，第78頁。

　　子玉爭權構隙，舉兵攻普，不克，退保胡空谷，驅掠平民，據險自
　固。詔散騎常侍、平西將軍、安定鎮將陸俟討獲之。

　　上述史料是北魏安定鎮最早見於史籍的記載。進而可知至遲在北魏太武
帝延和年間，安定鎮就已設置。

　　另據《魏書》卷一〇六下《地形志下》所載，涇州轄有安定郡，安定郡屬
縣有安定縣。則北魏安定鎮在涇州境內。北魏時期涇州大致相當於今甘肅平
涼涇川縣。

　　乾隆十九年《涇州志》卷上《沿革》載「漢武時始置安定郡。晉因之。後
秦為雍州治。後魏初置涇州」〔註176〕；乾隆十九年《涇州志》卷上《形勝》
又載「龍脈來自崆峒，高峰峙其南囘，巒障其北。群山環萃，涇汭合流。且藩
蔽邠寧，控扼原慶。其隘則水抱，西北其險則山阻。東南依山作鎮，跨河為
疆。地界陝甘，東西之衝洄。金城屏障，玉塞咽喉」〔註177〕，上述史料亦反
映出安定鎮地處河西交通要地，亦為河西一重要軍鎮。

圖 1.80　北魏安定鎮圖〔註178〕

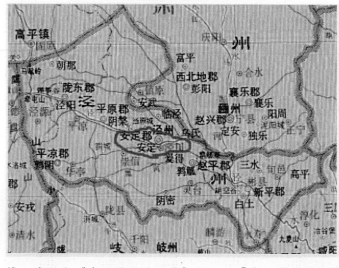

根據《魏書》等，截取自《中國歷史地圖集》之北魏「秦、雍、豳、夏等州，沃野、
薄骨律等鎮」圖。圖中標識之區域，為安定鎮可能涉及之區域。

〔註176〕（清）張延福：《涇州志》，乾隆十九年刊本，哈佛大學漢和圖書館藏。
〔註177〕（清）張延福：《涇州志》，乾隆十九年刊本，哈佛大學漢和圖書館藏。
〔註178〕譚其驤主編：《中國歷史地圖集·東晉十六國南北朝時期》，北京：中國地圖
　　　　出版社，1982年，截取自北魏「秦、雍、豳、夏等州，沃野、薄骨律等鎮」
　　　　圖，第54～55頁。

圖 1.81　安定鎮所在涇州圖〔註179〕

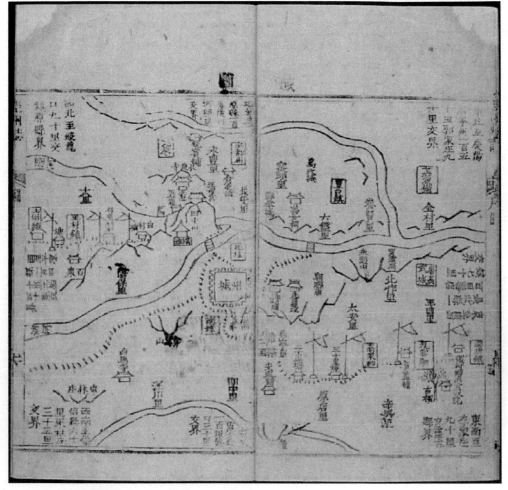

4. 上邽鎮

《魏書》卷四上《太武帝紀上》載：

> （太延五年十二月）楊難當寇上邽，鎮將元勿頭擊走之。

此為上邽鎮在北魏出現的最早時間。

另據《魏書》卷一○一《氐傳》載：

> 太延初，難當立鎮上邽，世祖遣車騎大將軍、樂平王丕等督河
> 西高平諸軍取上邽，又詔諭難當，難當奉詔攝守。

《元和郡縣圖志》卷三九《隴右道上·秦州》載：

〔註179〕　（清）張延福：《涇州志》，乾隆十九年刊本，哈佛大學漢和圖書館藏。

　　　　上邽縣，本邽戎地，秦伐邽戎而置縣焉。漢屬隴西郡，晉屬天
　　水郡。後魏以避道武帝諱，改曰上邽，廢縣為鎮。

　　綜合上述史料，氐族楊難當始置上邽鎮；太武帝太延初期，北魏西征軍
攻佔其地，繼承上邽鎮的設置。

　　《魏書》卷一〇六下《地形志下》載北魏時期秦州天水郡轄有上封縣，上
封鎮原為上封縣，因魏道武帝之諱而改。

　　上邽鎮，在今甘肅省天水境內〔註180〕。天水位於甘肅東南部，地勢西北
高而東南低，南北狹而東西寬，境內分布著十八盤山等山脈。天水可謂地處
山川險要之處，扼守河西走廊東部。因此，北魏繼承上邽鎮，有控制西北交
通要地、保障河西交通線安全等目的。

5. 隴西鎮

　　隴西鎮，在北朝史籍中僅有兩次記載。

　　《魏書》卷八《宣武帝紀》載：

　　　　（永平三年二月）癸亥，秦州隴西羌殺鎮將趙儁，阻兵反叛。
　　州軍討平之。

　　《魏書》卷六一《薛安都傳附薛巒傳》載：

　　　　尚書郎、秦州刺史、鎮遠將軍、（孝明帝前期）隴西鎮將，帶隴
　　西太守。

　　據上述史料，北魏在秦州設置隴西鎮，亦與控制當地羌人勢力有關。

　　乾隆三十七年刊本《隴西縣志》卷一《地輿部·疆域》載「隴西據關中之
上游，扼羌戎之要害」與《隴西縣志》卷一《地輿部·形勝》載「南闢石門，
北羅重潤，加以馬鹿之樺，千山列障，貊道之險；一夫當關，實渭上之名邦」
〔註181〕亦反映出隴西鎮為扼守關中與河西交通要衝的重鎮。

〔註180〕（民國）姚展監等修，賈纘緒總纂：《民國天水縣志》//《中國地方志集成·
　　　　甘肅府縣志輯》第 32 冊（影印本），南京：鳳凰出版社，2008 年，第 67 頁。
〔註181〕（清）魯廷琰修，田呂葉纂：《隴西縣志》，乾隆三十七年刊本//《中國地方
　　　　志集成·甘肅府縣志輯》第 7 冊（影印本），南京：鳳凰出版社，2008 年，
　　　　第 18～19 頁。

圖 1.82　北魏隴西鎮圖〔註 182〕

根據《魏書》等，截取自《中國歷史地圖集》之北魏「秦、雍、鹵、夏等州，沃野、薄骨律等鎮」圖。圖中標識之區域，為隴西鎮可能涉及之區域。

圖 1.83　隴西鎮所在隴西縣境圖〔註 183〕

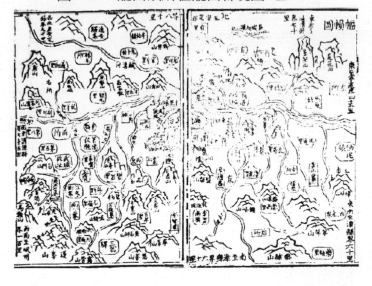

〔註182〕譚其驤主編：《中國歷史地圖集·東晉十六國南北朝時期》，北京：中國地圖
出版社，1982 年，截取自北魏「秦、雍、鹵、夏等州，沃野、薄骨律等鎮」
圖，第 54～55 頁。

〔註183〕（清）魯廷琰修，田呂葉纂：《隴西縣志》，乾隆三十七年刊本//《中國地方
志集成·甘肅府縣志輯》第 7 冊（影印本），南京：鳳凰出版社，2008 年，
第 19～20 頁。

6. 仇池鎮

《魏書》卷一○六下《地形志下》載：

> 南秦州。真君七年置仇池鎮，太和十二年為渠州，正始初置。
> 治洛谷城。

《元和郡縣圖志》卷二二《山南道三・成州》載：

> 有山曰仇池，地方百頃，其地險固，白馬氐據焉……晉宋間氐
> 帥楊定、楊難當竊據仇池，自稱大秦王，宋遣將軍裴方明討平之。
> 後魏於此置仇池鎮，理百頃岑上，後又改為郡。

《魏書》卷四下《太武帝紀下》載：

> （太平真君）九年春正月，劉義隆遣使朝貢。氐楊文德受義隆
> 官號，守葭蘆城，招誘武都、陰平五部氐民。詔仇池鎮將皮豹子討
> 之，文德棄城南走，擒其妻子僚屬。

《魏書》卷一○一《氐傳》載：

> 以集始為征西將軍、武都王。集始後朝于京師，拜都督、南秦
> 州刺史、安南大將軍、領護南蠻校尉、漢中郡侯、武興王，賜以車
> 旗戎馬錦綵繒纊等。尋還武興，進號鎮南將軍，加督寧、湘等五州
> 諸軍事。後仇池鎮將楊靈珍襲破武興，集始遂入蕭賾。

根據上述史料，北魏攻佔仇池地後，設置仇池鎮，以加強對新占之地的控制、對當地氐族的監管與西部邊疆地區的防守。

仇池鎮在今甘肅省隴南成縣地區。乾隆六年刊本《成縣新志》卷一《建置・沿革》載「始皇分郡屬隴西，漢為武都郡下辨道地，東漢、晉皆為武都郡治。元魏為南秦州，置仇池鎮。西魏改為成州」與《成縣新志》卷一《山川・形勝》載「仇池北望盤道羊腸，雲棧南來紆迴窈窕，鳳臺雞岫張冀東西，鹿玉仙岩環屏左右，牛江龍峽二水襟帶於前，黃渚黑谷兩關雄峙於後。寶井險隘，昔扼漢高，石磐軒昂，今控秦隴。泥功虎踞，术皮龍蟠。實為西陲之藩，允稱用武之國」〔註184〕鮮明反映出仇池鎮扼守北魏西部險要之地，為西部一軍事重鎮。

〔註184〕（清）黃泳第纂修：《成縣新志》，乾隆六年刊本//《中國方志叢書・華北地方・甘肅省》（影印本），臺北：成文出版社，1970年，第119～120頁。

圖 1.84　仇池鎮所在成縣縣境圖〔註185〕

7. 武都鎮

《元和郡縣圖志》卷三九《隴右道上‧武州》載：

> 後魏平仇池，於仙陵山東置武都鎮，宣武帝於鎮城復置武都郡，
> 廢帝改置武州。

《魏書》卷一○一《宕昌羌傳》載：

> 有梁懃者，世為酋帥，得羌豪心，乃自稱王焉。懃孫彌忽，世
> 祖初，遣子彌黃奉表求內附，世祖嘉之，遣使拜彌忽為宕昌王，賜
> 彌黃爵甘松侯。彌忽死，孫虎子立。其地自仇池以西，東西千里，
> 席水以南，南北八百里，地多山阜，人二萬餘落。世修職貢，頗為
> 吐谷渾所斷絕。虎子死，彌治立。虎子弟羊子先奔吐谷渾，吐谷渾
> 遣兵送羊子，欲奪彌治位。彌治遣使請救，顯祖詔武都鎮將宇文生
> 救之，羊子退走。

　　根據上述史料，武都鎮應與仇池鎮同置於北魏太武帝太平真君七年；北
魏設置武都鎮之目的，亦與加強對當地羌族的管控與西部邊疆防守有關。

〔註185〕　（清）黃泳第纂修：《成縣新志》，乾隆六年刊本//《中國方志叢書‧華北地
　　　方‧甘肅省》（影印本），臺北：成文出版社，1970 年，第 68～69 頁。

武都鎮在今甘肅省隴南市境內〔註186〕。

8. 清水鎮

《皇甫驎墓誌》云：

> 太和廿年中，仇池不靖，扇逼涇隴。君望著西垂，勘能厭服，
> 旨召為中書博士加議郎，馳驛慰勞，陳示禍福。凶頑盡悟，面縛歸
> 降，動有數萬。刺史任城王嘉其遠量，表為長史。君策謀深玄，聲
> 震朝庭，復除為清水太守，領帶軍鎮。

誌文中皇甫驎任清水太守氏所「領帶軍鎮」，為清水鎮。據《魏書》，皇
甫驎所任職之清水郡，屬秦州。

清水鎮在今甘肅省天水清水縣地區。乾隆六十年抄本《清水縣志》卷二
《山川》載清水縣境內有秦亭山、邽山、玉屏山〔註187〕等山脈，地理位置較
為重要。

圖 1.85　清水鎮所在天水縣境圖〔註188〕

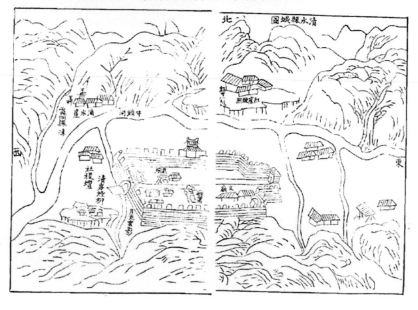

〔註186〕陳明源：《中國縣級以上政區歷史名稱錄》，杭州：西泠印社，2011 年，第
　　　　348 頁。

　　　　武都縣地方志編纂委員會：《武都縣志》，北京：三聯書店，1998 年，第 88 頁。

〔註187〕（清）朱超纂修：《清水縣志》//《中國方志叢書·華北地方·甘肅省》（影
　　　　印本），臺北：成文出版社，1970 年，第 29～30 頁。

〔註188〕（清）朱超纂修：《清水縣志》//《中國方志叢書·華北地方·甘肅省》（影
　　　　印本），臺北：成文出版社，1970 年，第 14～17 頁。

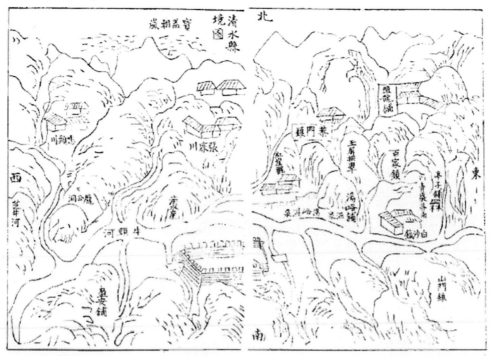

9. 薄骨律鎮

《魏書》卷一〇六上《地形志上》載：

> 靈州。太延二年置薄骨律鎮，孝昌中改，後陷關西。

《元和郡縣圖志》卷四《關內道四·靈州》載：

> 其城赫連勃勃所置果園，今桃李千餘株，鬱然猶在。後魏太武
> 帝平赫連昌，置薄骨律鎮，後改置靈州，以州在河渚之中，隨水上
> 下，未嘗陷沒，故號「靈州」。

《太平寰宇記》卷三六《關西道十二·靈州》載：

> 後魏太武帝平赫連昌後，置薄骨律鎮在河渚上，舊赫連果城也。
> 孝昌二年置靈州。

　　上述史料反映出：首先，北魏平定赫連夏、踞有其地後，為加強對當地
的控制而設置薄骨律鎮。其次，薄骨律鎮設置與廢置時間如此明晰，為《魏
書》所載諸多軍鎮中所少有，亦能反映出其在河西諸軍鎮中所佔據之地位以
及北魏統治者對其經營的重視。其次，薄骨律鎮存在時間長達九十餘年，可
謂為北魏諸軍鎮存在時間較長者。

　　《于景墓誌》云：

延昌中，朝廷以河西二鎮，國之蕃屏，總旅率戎，實歸英桀，遂除君為寧朔將軍、薄骨律高平二鎮大將。君乃撫之以仁恩，董之以威信，遂能斷康居之左肩，解凶奴之右臂。西北之無虞者，實君是賴。

鮮明反映出薄骨律鎮為北魏西部軍事防守的重鎮，在抵禦柔然入侵、保障北魏西部邊疆安全方面發揮著不可替代的作用。

《魏書》卷二九《奚斤傳附奚兜傳》載：

烏侯子兜，世祖時親侍左右，隨從征討，常持御劍。後以罪徙龍城。尋徵為知臣監。出為薄骨律鎮將，假鎮遠將軍，賜爵富城侯。時高車叛，圍鎮城。兜擊破之，斬首千餘級。

《魏書》卷七上《孝文帝紀上》載：

（延興二年八月）河西費也頭反，薄骨律鎮將擊走之。

圖 1.86　北魏薄骨律鎮圖〔註189〕

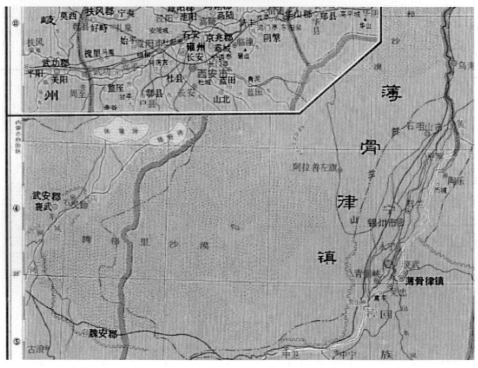

〔註189〕譚其驤主編：《中國歷史地圖集·東晉十六國南北朝時期》，北京：中國地圖出版社，1982年，截取自北魏「秦、雍、豳、夏等州，沃野、薄骨律等鎮」圖，第54~55頁。

上述史料又表明地處西部邊陲的薄骨律鎮亦肩負監管河西地區境內少數部族事務。

由於薄骨律鎮是連接北魏北部邊疆軍鎮與西部軍鎮的重要樞紐，基於保障軍鎮人員調動與後勤補給需要的目的以及加強邊地防禦，北魏統治者有時會使北部與西部邊疆地區形成軍鎮協同防禦的格局。如《魏書》卷五○《慕容白曜傳附慕容契傳》載「正始初，除征虜將軍、營州刺史，徙都督沃野、薄骨律二鎮諸軍事，沃野鎮將」就充分體現出宣武帝時期，薄骨律鎮接受沃野鎮指揮的現象。

10. 弘靜鎮

《元和郡縣圖志》卷四《關內道四・靈州》載：

> 保靜縣。本漢富平縣地，後魏立弘靜鎮，徙關東漢人以充屯田，俗謂之漢城。

《太平寰宇記》卷三六《關西道十二・靈州》載：

> 廢保靜縣，本漢富平縣地，按《隋圖經》云「弘靜縣，本漢城，居河外三里，乃舊薄骨律鎮倉城也。」後魏立弘靜鎮，徙關東漢人以充屯田。

根據上述史料，本文認為，首先，薄骨律鎮與弘靜鎮應同時設置；其次，弘靜鎮應隸屬於薄骨律鎮；第三，以族屬而言，薄骨律鎮中以胡族鎮戶為主，弘靜鎮中以漢族鎮戶為主。

11. 榆中鎮

《周書》卷二九《王杰傳》載：

> 王杰，金城直城人也，本名文達。高祖萬國，魏伏波將軍、燕州刺史。父巢，龍驤將軍、榆中鎮將。

《周書》載王杰卒於北周靜帝大象元年（579），卒時六十五，則王杰生於北魏宣武帝延昌四年（515）。據此可審慎推知王巢約在北魏宣武帝時期任榆中鎮將。據《魏書》卷一○六下《地形志下》，北魏時期河州金城郡轄有榆中縣、涼州建昌郡轄有榆中縣。嚴耕望先生根據王巢為河州金城郡人，認為王巢以鄉里豪族之優勢而任職位於河州金城郡的榆中鎮將〔註190〕。

〔註190〕嚴耕望：《中國地方行政制度史・魏晉南北朝地方行政制度》卷下《北朝地方行政制度》第十一章《北魏軍鎮》，上海：上海古籍出版社，2007 年，第 736 頁。

12. 枹罕鎮

《元和郡縣圖志》卷三九《隴右道上·河州》載：

> 後魏平定秦隴西，改置枹罕鎮。孝文帝太和十六年，改鎮復為河州。

可以看出枹罕鎮存在於北魏太武帝平定河西至孝文帝太和十六年，可謂是北魏時期存在時間較長的軍鎮。

《魏書》卷七上《孝文帝紀上》載：

> （太和四年正月）洮陽羌叛，枹罕鎮將討平之。

《魏書》卷七下《孝文帝紀下》載：

> （太和十五年）二月乙亥，枹罕鎮將長孫百年請討吐谷渾所置洮陽、泥和二戍，許之。

《魏書》卷一八《太武五王·東平王翰傳》載：

> （太武帝時期）後鎮枹罕，以信惠撫眾，羌戎敬服。

以上史料表明枹罕鎮將肩負防守西部邊地、平定內亂、安撫當地民眾的職責。

圖 1.87　北魏枹罕鎮所在區域圖〔註 191〕

〔註 191〕譚其驤主編：《中國歷史地圖集·東晉十六國南北朝時期》，北京：中國地圖
　　　出版社，1982 年，截取自「宋、魏時期全圖」，第 17～18 頁。

13. 洮陽鎮

洮陽，在《魏書》、《北史》等史籍中未以鎮稱之。但結合史籍與《太平寰宇記》，洮陽在北魏後期曾短暫設置為軍鎮。

《魏書》卷七下《孝文帝紀下》載：

> （太和十五年）二月乙亥，枹罕鎮將長孫百年請討吐谷渾所置洮陽、泥和二戍，許之。

《魏書》卷一〇一《吐谷渾傳》載：

> 拾寅後復擾掠邊人，遣其將良利守洮陽，枹罕所統，（孝文帝時期）枹罕鎮將、西郡公楊鍾葵貽拾寅書以責之。

上述史料表明北魏對其與吐谷渾交界一帶始終沒有穩固的控制。北魏短暫控制洮陽時，洮陽應以戍級別的軍事鎮戍區出現，且洮陽隸屬枹罕鎮。《元和郡縣圖志》卷三九《隴右道上·洮州》載「至後魏吐谷渾又侵據其地，後周明帝武成中，西逐諸戎，其地內屬，置洮陽防，武帝保定元年立洮州」，可知北周時期洮陽又稱洮陽防，做為北周西部地區的軍事鎮戍區。

《太平寰宇記》卷一五〇《隴右道一·儀州》載：

> 本西戎之界，秦、隴之地，鳳翔之邊鎮，後魏普泰二年築城置鎮，以扼蕃戎之路。唐為神策軍。

《太平寰宇記》所載北魏末期在與吐谷渾交界之地置鎮，應結合當時歷史背景進行探究。普泰，為北魏末期前廢帝所用年號。前廢帝元恭為尒朱氏勢力所擁立，其並無實權，形同傀儡。普泰二年，高歡擊敗尒朱天光等尒朱氏勢力，掌握北魏朝權，不久廢掉元恭，改立元朗為帝，是為孝武帝。普泰年間，北魏內爭頻繁、朝政不穩，北魏中央自顧不暇，自然不會對邊地軍鎮設置給予過多關注。本文審慎認為，《太平寰宇記》所載普泰二年北魏在與吐谷渾交界地帶所置軍鎮，應為洮陽鎮，且為北魏西部地方軍政長官的權宜行為。

14. 鄯善鎮

《魏書》卷三〇《王建傳附王安都傳》載：

> 世祖拜為太子庶子，出為鄯善鎮將。

上述史料是鄯善鎮見於史籍的最早記載，則鄯善鎮在北魏太武帝平定河西後就已設置。

《元和郡縣圖志》卷三九《隴右道上·鄯州》載：

> 後魏以西平郡為鄯善鎮，孝昌二年改鎮立鄯州。

《魏書》卷一一二下《靈徵志下》又載：

（熙平二年）十一月，鄯善鎮獻白兔。

結合《元和郡縣圖志》與《魏書》，鄯善鎮應在北魏孝明帝孝昌二年底改為鄯州。

鄯善鎮地處河西走廊南部，扼守交通要衝。由於鄯善鎮臨近吐谷渾，為保障鄯善鎮充分發揮軍事鎮戍職能，北魏統治者將鄯善鎮與鄯善鎮附近涼州軍事事務進行整合，即以涼州做為鄯善鎮的後方依託。如《魏書》卷三〇《樓伏連傳附樓毅傳》載「（孝文帝時期）轉都督涼河二州、鄯善鎮諸軍事，涼州刺史」。

譚其驤先生在《中國歷史地圖集》第四冊《東晉十六國南北朝時期》中將鄯州標於今青海省樂都地區。

圖 1.88　北魏鄯善鎮所在區域圖〔註192〕

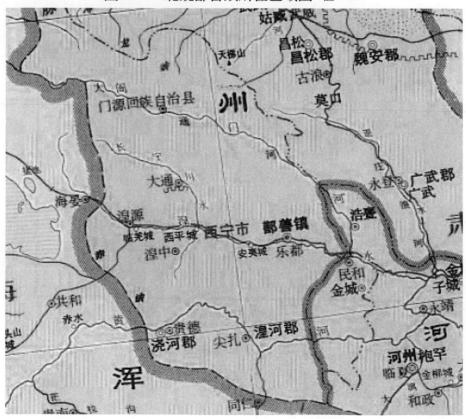

〔註192〕譚其驤主編：《中國歷史地圖集・東晉十六國南北朝時期》，北京：中國地圖出版社，1982 年，截取自北魏「河州、涼州、敦煌鎮」圖，第 56～57 頁。

15. 涼州鎮、姑臧鎮

《魏書》卷一〇六下《地形志下》載：

> 涼州。漢置，治隴。神麚中為鎮，太和中復。

《元和郡縣圖志》卷四〇《隴右道下・涼州》載：

> 及太武帝，改州置鎮，置四軍戍，孝文帝太和十四年復為涼州。

若僅據上述史料，涼州鎮似乎在北魏太武帝神麚嘉年間就已設置。但結合當時歷史背景，太延五年（439），太武帝率軍西征、滅北涼，北魏始有涼州之地。所以，《魏書》卷一〇六下《地形志下》所載北魏太武帝神嘉年間就已設置涼州鎮，與史實不符。

涼州鎮之設置，與北魏攻佔河西之進程密切相關。《魏書》卷四上《太武帝紀上》載太延五年北魏西征之進程：

> 六月甲辰，車駕西討沮渠牧犍。

> 秋七月……壬午，留輜重，分部諸軍：撫軍大將軍、永昌王健，尚書令、鉅鹿公劉潔督諸軍，與常山王素二道並進，為前鋒；驃騎大將軍、樂平王丕，太宰、陽平王杜超，督平涼、鄜城諸軍為後繼。

> 八月甲午，永昌王健獲牧犍牛馬畜產二十餘萬。牧犍遣弟董來率萬餘人拒戰於城南，望塵退走。丙申，車駕至姑臧，牧犍兄子祖瑜城來降，乃分軍圍之。

> 九月丙戌，牧犍兄子萬年率麾下來降。是日，牧犍與左右文武五千人面縛軍門，帝解其縛，待以藩臣之禮。收其城內戶口二十餘萬，倉庫珍寶不可稱計。進張掖公禿髮保周爵為王，與龍驤將軍穆羆、安遠將軍源賀分略諸郡，雜人降者亦數十萬。牧犍弟張掖太守宜得，燒倉庫，西奔酒泉；樂都太守安周南奔吐谷渾。遣鎮南將軍奚眷討張掖，遂至酒泉。牧犍弟酒泉太守無諱及宜得復奔晉昌。使弋陽公元潔守酒泉，鎮北將軍封沓討樂都，掠數千家而還。

> 冬十月辛酉，車駕東還。徙涼州民三萬餘家于京師。留驃騎大將軍、樂平王丕，征西將軍賀多羅鎮涼州。

綜合上述史料，涼州鎮之設置，必然不會早於太延五年十月（439）。

另據《魏書》卷三二《高湖傳》載：

> 世祖時，除寧西將軍、涼州鎮都大將，鎮姑臧，甚有惠政。

可知涼州鎮治所應在姑臧城。

　　若據《元和郡縣圖志》卷四〇《隴右道下·涼州》，北魏孝文帝太和十四年（490），涼州鎮改為涼州。但據《南齊書》卷五七《魏虜傳》，南齊永明四年（486）即北魏孝文帝太和十年，北魏三十八州中就已有涼州。北魏涼州之出現時間，本文認為，應以《南齊書》所載為準。至此，可以對《魏書》卷一九下《景穆十二王下·南安王楨傳》所載「南安王楨，皇興二年封，加征南大將軍、中都大官，尋遷內都大官。高祖即位，除涼州鎮都大將，尋以綏撫有能，加都督西戎諸軍事、征西大將軍、領護西域校尉、儀同三司、涼州刺史」進行如下理解，孝文帝前期，北魏在河西地區同時設置涼州與涼州鎮，所以，《元和郡縣圖志》所記載太和十四年北魏政區中始有涼州有誤。而《魏書》卷一九下《景穆十二王下·城陽王長壽傳附元鸞傳》所載「高祖時，拜外都大官，又出為持節、都督河西諸軍事、征西大將軍、領護西戎校尉、涼州鎮都大將。改鎮立州，以鸞為涼州刺史，姑臧鎮都大將，餘如故」中的「改鎮立州」應為涼州鎮又以其原來治所所在之城名為新軍鎮之稱呼，即涼州鎮改為姑臧鎮。

圖 1.89　北魏涼州鎮、姑臧鎮所在涼州圖〔註 193〕

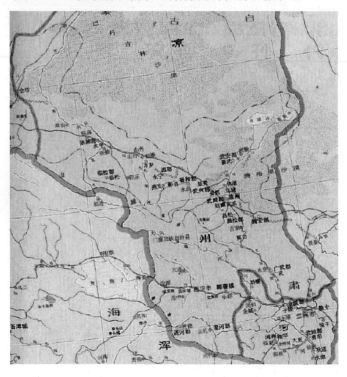

〔註 193〕譚其驤主編：《中國歷史地圖集·東晉十六國南北朝時期》，北京：中國地圖出版社，1982 年，截取自北魏「河州、涼州、敦煌鎮」圖，第 56～57 頁。

16. 敦煌鎮

《元和郡縣圖志》卷四〇《隴右道下·肅州》載：

> 後魏太武帝平沮渠氏，以酒泉為軍，屬敦煌鎮。明帝孝昌中改鎮立瓜州，復置酒泉郡。

《元和郡縣圖志》卷四〇《隴右道下·沙州》載：

> 後魏太武帝於（敦煌）郡置敦煌鎮，明帝罷鎮立瓜州，以地為名也，尋又改為義州，莊帝又改為瓜州。

《周書》卷三六《王士良傳》載：

> 王士良字君明，其先太原晉陽人也。後因晉亂，避地涼州。魏太武平沮渠氏，曾祖景仁歸魏，為敦煌鎮將。祖公禮，平城鎮司馬，因家於代。

上述記載表明：首先，敦煌鎮設置於北魏平定北涼後，敦煌鎮設置時間，最早為北魏太武帝太延五年（439）。其次，敦煌鎮存在近九十年，時間頗為長久。

《魏書》卷二六《尉古真傳附尉眷傳》載：

> （太武帝）詔眷留鎮涼州，加都督涼沙河三州諸軍事、安西將軍、領護羌戎校尉。（太武帝時期）轉敦煌鎮將。又擊破吐谷渾，俘三千餘口。眷歷鎮四蕃，威名並著。

《魏書》卷二六《尉古真傳附尉多侯傳》載：

> 顯祖時，為假節、征西將軍、領護羌戎校尉、敦煌鎮將。至鎮，上表求率輕騎五千，西入于闐，兼平諸國，因敵取資，平定為效。弗許。高祖初，蠕蠕部帥无盧真率三萬騎入塞圍鎮，多侯擊之走，以功進號征西大將軍。

上述史料反映出敦煌鎮在西連西域、北御柔然、征討吐谷渾中發揮著重要作用，為北魏河西地區一重要軍鎮。

敦煌鎮在今甘肅省酒泉市敦煌地區。乾隆《敦煌縣志·形勝》載「水有懸泉之神，山有鳴沙之異，川無蛇虺，澤無兕虎。華戎之所交，一大都會……雪山為城，青海為池，鳴沙為環，黨河為帶。前陽關而後玉門，控伊西而制漠北。全陝之咽喉，極邊之鎖鑰」〔註194〕，足見敦煌佔據地利之優勢，地處河西交通要衝。

〔註194〕（清）佚名：《敦煌縣志》，乾隆年間抄本//《中國地方志集成·甘肅府縣志輯》第49冊（影印本），南京：鳳凰出版社，2008年，第3頁。

圖 1.90　北魏敦煌鎮圖〔註 195〕

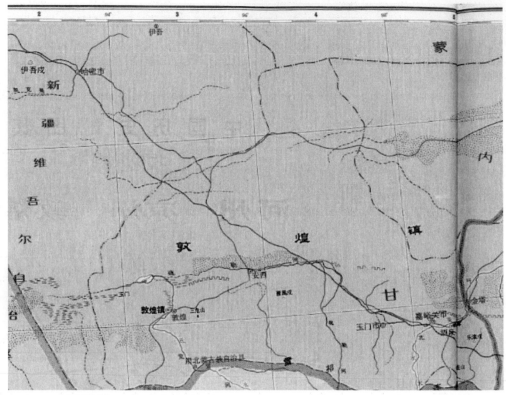

17. 晉昌鎮

《魏書》卷三〇《尉撥傳》載：

> （尉）撥為太學生，募從兗州刺史羅忸擊賊於陳汝，有功，賜
> 爵介休男。從討和龍，遷虎賁帥，轉千人軍將。又從樂平王丕討和
> 龍。除涼州軍將，擊吐谷渾，獲其人一千餘落。後吐谷渾小將率三
> 百餘落來降，尋覆亡叛，撥率騎追之，盡獲而還。以功進爵為子。
> 遷晉昌鎮將，綏懷邊民，甚著稱績。入為知臣監。出為杏城鎮將，
> 在任九年，大收民和，山民一千餘家、上郡徒各、盧水胡八百餘落，
> 盡附為民。高宗以撥清平有惠績，賜以衣服。

據上述史料，可知至遲在北魏文成帝時期，晉昌鎮就已設置。

〔註 195〕譚其驤主編：《中國歷史地圖集·東晉十六國南北朝時期》，北京：中國地
圖出版社，1982 年，截取自北魏「河州、涼州、敦煌鎮」圖，第 56～57
頁。

18. 焉耆鎮

《魏書》卷三〇《車伊洛傳》載：

> 伊洛征焉耆，留其子歇守城，而安周乘虛引蠕蠕三道圍歇，並遣使謂歇曰：「爾父已投大魏，爾速歸首，當賜爾爵號。」歇固守，連戰。久之，外無救援，為安周所陷，走奔伊洛。伊洛收集遺散一千餘家，歸焉耆鎮。世祖嘉之。

據此可知北魏太武帝時期，焉耆鎮就已設置。

《資治通鑑》卷一二五宋元嘉二十五年（北魏太武帝太平真君九年）條載：

> （九月）成周公萬度歸擊焉耆，大破之，焉耆王鳩尸卑那奔龜茲。魏主詔唐和與前部王車伊洛帥所部兵會度歸討西域。和說降柳驢等六城，因共擊波居羅城，拔之。
>
> 十二月，魏萬度歸自焉耆西討龜茲，留唐和鎮焉耆。柳驢戍主乙直伽謀叛，和擊斬之，由是諸胡咸服，西域復平。

《資治通鑑》卷一二五宋元嘉二十七年（北魏太武帝太平真君十年）條載：

> 初，車師大帥車伊洛世服於魏，魏拜伊洛平西將軍，封前部王。伊洛將入朝，沮渠無諱斷其路，伊洛屢與無諱戰，破之。無諱卒，弟安周奪其子乾壽兵，伊洛遣人說乾壽，乾壽遂帥其民五百餘家奔魏；伊洛又說李寶弟欽等五十餘人下之，皆送於魏。伊洛西擊焉耆，留其子歇守城，沮渠安周引柔然兵間道襲之，攻拔其城。歇走就伊洛，共收餘眾，保焉耆鎮。胡三省注『魏破焉耆以為鎮』」。

上述史料表明焉耆鎮，當設置於北魏全面平定焉耆的太平真君十年（449）。

焉耆鎮，在今新疆巴音郭勒蒙古自治州焉耆地區。譚其驤主編《中國歷史地圖集》第四冊《東晉十六國南北朝時期》亦將焉耆鎮置於新疆焉耆。

圖 1.91　北魏焉耆鎮圖〔註 196〕

19. 張掖鎮

《魏書》卷四五《裴駿傳附裴修傳》載：

　　　　年十三，補中書學生，遷祕書中散，轉主客令。以婦父李訢事，

　　出為張掖子都大將。張掖境接胡夷，前後數致寇掠，修明設烽候，

　　以方略禦之。在邊六年，關塞清靜。高祖嘉之，徵為中部令。

　　根據以上史料，並結合《魏書》有關北魏西北邊防經營以及西北邊疆地
區態勢，本文認為：首先，北魏有在西北部邊疆地區設置張掖鎮之必要。其
次，裴修所任之「張掖子都大將」應為「張掖鎮都大將」。第三，北魏至遲在
獻文帝時期，就已設置張掖鎮。

　　北魏張掖鎮轄區，大致轄有今甘肅張掖地區。

〔註196〕譚其驤主編：《中國歷史地圖集‧東晉十六國南北朝時期》，北京：中國地圖
　　　　出版社，1982 年，截取自北魏「西戎校尉府、焉耆鎮、北涼、龜茲、于闐、
　　　　疏勒、烏孫、悅般等國」圖，第58～59 頁。

圖 1.92　　北魏張掖鎮圖〔註197〕

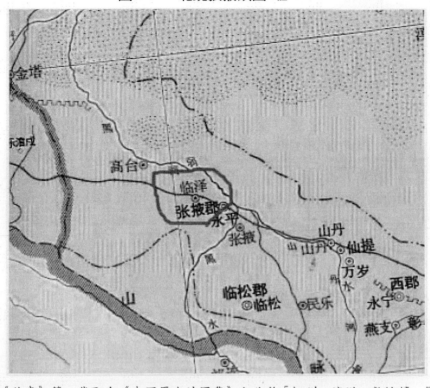

根據《魏書》等，截取自《中國歷史地圖集》之北魏「河州、涼州、敦煌鎮」圖。圖中標識之區域，為張掖鎮可能涉及之區域。

第五節　方位暫不可考之軍鎮

1. 金門鎮

《新唐書》卷一《高祖紀上》載：

> 重耳生熙，金門鎮將，戍于武川，因留家焉。

《新唐書》卷七〇上《宗室世系上》載：

> 生獻祖宣皇帝熙，孟良，後魏金門鎮將。

根據上述史料，金門鎮約設置於北魏前期。

2. 撫宜鎮

《北齊書》卷一八《孫騰傳》載：

〔註197〕譚其驤主編：《中國歷史地圖集・東晉十六國南北朝時期》，北京：中國地圖出版社，1982年，截取自北魏「河州、涼州、敦煌鎮」圖，第56～57頁。

騰少而質直,明解吏事。魏正光中,北方擾亂,騰間關危險,
得達秀容。屬尒朱榮建義,騰隨榮入洛,例除冗從僕射。尋為高祖
都督府長史,從高祖東征邢杲。師次齊城,有撫宜鎮軍人謀逆,將
害督帥。騰知之,密啟高祖。

另據《魏書》卷一〇《孝莊帝紀》載:

(永安元年六月)幽州平北府主簿河間邢杲,率河北流民十餘
萬戶反於青州之北海,自署漢王,號年天統。

(永安二年)三月壬戌,詔大將軍、上黨王天穆與齊獻武王討
邢杲。

《北齊書》卷一上《神武紀上》載:

孝莊帝立,以定策勳,封銅鞮伯。及尒朱榮擊葛榮,令神武喻
下賊別稱王者七人。後與行臺于暉破羊侃于泰山,尋與元天穆破邢
杲于濟南。

據此,約在孝莊帝至孝武帝時期,北魏設置有撫宜鎮。

嚴耕望先生根據高歡轄有大部分六鎮南下兵民,而撫冥鎮即為六鎮之一,
認為撫宜鎮乃撫冥鎮之誤〔註198〕。牟發松先生亦認為北魏無撫宜鎮〔註199〕。
但周一良先生認為北魏曾設置有撫宜鎮,只是具體位置贊無從知曉〔註200〕。

本文審慎認為,不能僅從高歡曾轄有撫冥鎮南下兵民這一角度認為撫宜
鎮乃撫冥鎮之誤,進而否定撫宜鎮的存在。根據史料,高歡率軍東征、平定
邢杲叛亂,兗州是其必經之地,而高歡所途徑之齊城,就位於兗州境內,由
此,本文認為撫宜鎮亦有位於兗州境內之可能。

3. 黃龍鎮

黃龍鎮,未見於《魏書》、《北齊書》、《周書》、《北史》,北朝時期墓誌有
關於黃龍鎮之載。

北魏《皇甫驎墓誌》云:

〔註198〕嚴耕望:《中國地方行政制度史·魏晉南北朝地方行政制度》卷下《北朝地
方行政制度》第十一章《北魏軍鎮》,上海:上海古籍出版社,2007年,第
751頁。

〔註199〕牟發松:《北魏軍鎮考補》//武漢大學歷史系魏晉南北朝隋唐史研究室:《魏
晉南北朝隋唐史資料》第七期,1985年,第65頁。

〔註200〕周一良:《北魏鎮戍制度續考》//周一良:《魏晉南北朝史論集》,北京:北京
大學出版社,1997年,第233頁。

太和廿年中，仇池不靖，扇逼涇隴。君望著西垂，勘能厭服，旨召為中書博士加議郎，馳驛慰勞，陳示禍福。凶頑盡悟，面縛歸降，動有數萬。刺史任城王嘉其遠量，表為長史……妻鉅鹿魏氏，鎮西將軍、內都太官、黃龍鎮將、趙興公留孫女。

北魏《叔孫協墓誌》云：

君諱協，字地力勤，河南洛陽人也。其先軒轅皇帝之裔胄。魏馮翊景王渴羅侯之孫，倉部尚書敕俟堤之子。其考德茂蘭松，志真鏡玉。持除平東大將軍、黃龍將。化同姬輔，弈贊東州，君為人猛惠恭勳，算合忠恩。召除平北將軍、懷朔鎮將。春秋卅，遊神放世。夫人百宇文氏，六壁鎮將胡活撥女。功容備四，慈真聲教。年六十八，逝矣都里。正光元年太歲庚子十一月辛未朔十五日乙酉葬光武陵東南二里許。

根據誌文可知：首先，叔孫協父叔孫敕俟堤約在獻文帝至孝文帝前期任平東大將軍、黃龍將。其次，誌文中「黃龍將」應為「黃龍鎮將」。第三，由「化同姬輔，弈贊東州」，黃龍鎮應在北魏東部地區。

北魏《尒朱紹墓誌》云：

公諱紹，字承世，北秀容人也。其先出自周王虢叔之後，因為郭氏，封居秀容，酋望之胤，遂為尒朱。祖東宮詹事、內都大官、使持節、黃龍鎮大將、鎮南將軍、安并二州刺史、始昌侯真之孫……（尒朱紹）春秋廿八，永安二年六月廿三日薨於位。

北魏《尒朱襲墓誌》云：

君諱襲，字顯伯，北秀容人也。其先出自周王虢叔之後，因為郭氏，封居秀容，酋望之胤，遂為尒朱。祖東官詹事、內都大官、使持節、黃龍鎮大將、鎮南將軍、安并二州刺史、始昌侯真之孫……（尒朱襲）春秋十八，粵以永安二年六月廿三日薨於京師。

根據《尒朱紹墓誌》與《尒朱襲墓誌》，尒朱真約在北魏太武帝時期任黃龍鎮將。

根據以上誌文關於墓誌主人之祖父出任黃龍鎮將之時間，本文認為，黃龍鎮至遲在北魏太武帝時期就已設置。

北齊《魏懿墓誌》云：

　　祖業，魏道英烈，敵能先鋒，論功賞黃龍、陶城縣令。

　　誌文云魏懿卒於北齊武平五年（574），卒時六十五，則魏懿生於北魏宣武帝永平三年（510）。據此，可審慎推知，魏懿祖父魏業約在北魏文成帝至獻文帝時期任黃龍、陶城縣令。據此，北魏之黃龍鎮與黃龍縣應在同一地。但由於《魏書》地形志未有黃龍之載，黃龍鎮與黃龍縣具體位置，暫不可考。

附論1　存疑之軍鎮

1. 駱谷鎮

《魏書》卷五一《呂羅漢傳》載：

> 蠕蠕犯塞，顯祖討之，羅漢與右僕射南平公元目振都督中外軍事。出為鎮西將軍，秦益二州刺史。

> 時仇池氐羌反，攻逼駱谷，鎮將吳保元走登百頃，請援於羅漢。羅漢帥步騎隨長孫觀掩擊氐羌，大破之，斬其渠帥，賊眾退散。（獻文帝）詔羅漢曰：「卿以勞勤獲敘，才能致用，內總禁旅，外臨方岳，褒寵之隆，可謂備矣。自非盡節竭誠，將何以垂名竹帛？仇池接近邊境，兵革屢興，既勞士卒，亦動民庶，皆由鎮將不明，綏禁不理之所致也。卿應機赴擊，殄此兇醜。隴右土險，民亦剛悍，若不導之以德，齊之以刑，寇賊莫由可息，百姓無以得靜。朕垂心治道，欲使遠近清穆，卿可召集豪右，擇其事宜，以利民為先，益國為本，隨其風俗，以施威惠。其有安土樂業，奉公勤私者，善加勸督，無奪時利。明相宣告，稱朕意焉。」

《魏書》卷五一《皮豹子傳附皮喜傳》載：

> （孝文帝）又詔喜等曰：「卿受命專征，薄伐邊寇，軍威所及，即皆平蕩，復仇池之舊鎮，破葭蘆之新邦，梟擒首逆，克剪凶黨，勳庸之美，朕無間然。仇池國之要蕃，防守事宜，尤須完實。從前以來，駱谷置鎮，是以姦賊息闚闞之心，邊城無危敗之禍，近由徙就建安，致有往年之役。前敕卿等，部率兵將，駱谷築城，雖有一時之勤，終致永延之固。而卿等不祗詔命，至于今日，徒使兵人稽頓，無事閑停，方復曲辭，情求罷下，豈是良將忘身、憂國盡忠之謂也？諸州之兵，已復一歲，宜暫戮力，成此要功。卿等表求來年築城，豈不更勞兵將？孰若因今兵勢，即令就之，一

勞永逸。事不再舉也。今更給軍糧一月，速於駱谷築城，使四月
盡必令成就訖。若不時營築，乃築而不成，成而不固，以軍法從
事。」

另據《魏書》卷一○六下《地形志下》載：

> 南秦州。真君七年置仇池鎮，太和十二年為渠州，正始初置。
> 治洛谷城。

《元和郡縣圖志》卷二二《山南道三・成州》載：

> 有山曰仇池，地方百頃，其地險固，白馬氏據焉……晉宋閒氐
> 帥楊定、楊難當竊據仇池，自稱大秦王，宋遣將軍裴方明討平之。
> 後魏於此置仇池鎮，理百頃岑上，後又改為郡。

根據以上史料，本文審慎認為：首先，《魏書》卷五一《呂羅漢傳》所載
「鎮將吳保元走登百頃」與《魏書》卷五一《皮豹子傳附皮喜傳》所載「從前
以來，駱谷置鎮」應指仇池鎮，即仇池鎮城位於駱谷。所以，牟發松先生認為
北魏時期未有駱谷鎮的觀點是可考的。〔註201〕其次，由仇池鎮將吳保元向秦
州、益州刺史呂羅漢請求援助，則可看出仇池鎮距離秦州、益州相對較近。
第三，至遲在北魏孝文帝時期，仇池鎮城由駱谷遷徙置建安。

2. 撫寧鎮

《周書》卷二八《史寧傳》載：

> 史寧……曾祖豫，仕沮渠氏為臨松令。魏平涼州，祖灌隨例遷
> 於撫寧鎮，因家焉。父遵，初為征虜府鎧曹參軍。屬杜洛周構逆，
> 六鎮自相屠陷，遵遂率鄉里二千家奔恆州。其後恆州為賊所敗，遵
> 復歸洛陽。

在涉及北朝史籍中，撫寧鎮僅此一條記載。根據北魏六鎮之構成，本文
認為，《周書》所載之撫寧鎮疑為撫冥鎮之誤。

3. 永固鎮

《元賢墓誌》云：

> 武定七年，復以君為永固鎮大都督。

武定，乃高歡所扶持之東魏孝靜帝所用之年號。據目前所見《魏書》、《北
齊書》與《北史》，北魏時期未見有永固鎮之名，據此，本文審慎認為：永固

〔註201〕年發松：《北魏軍鎮考補》//武漢大學歷史系魏晉南北朝隋唐史研究室：《魏
　　　晉南北朝隋唐史資料》第七期，1985年，第65頁。

鎮或為北魏時期設置，延續至東魏；或為東魏時期設置。

4. 武平鎮

《魏書》卷六九《裴延俊傳附裴凝傳》載：

> 范子凝，字長儒。卒於武平鎮將。

《魏書》卷一〇六中《地形志中》又載：

> 南兗州。正光中置，治譙城。領郡七，縣二十一。
>
> 陳留郡，領縣五……武平。正始中置。有武平城、賴鄉城。天
> 平二年置鎮，武定七年罷。

《魏書》卷一一二下《靈徵志下》又載：

> （武平）六年十一月，武平鎮獻白兔。

根據以上史料可知：首先，武平鎮存在於東魏天平二年（535）至武定七
年（549）。其次，裴凝任武平鎮將應在東魏時期。

附表1 北魏軍鎮設置與廢置表

軍鎮名	設置時間	廢置時間	史料來源
沃野鎮	太武帝延和年間（432～434）	孝明帝正光五年（524）	《魏書》卷一八《太武五王·廣陽王建閭傳附元深傳》，《魏書》卷三〇《來大千傳》，《魏書》卷八九《酷吏·酈道元傳》，《魏書》卷一〇六上《地形志上》。
懷朔鎮	太武帝延和年間（432～434）	孝明帝正光五年（524）	同上
武川鎮	太武帝延和年間（432～434）	孝明帝正光五年（524）	同上
撫冥鎮	太武帝延和年間（432～434）	孝明帝正光五年（524）	同上
柔玄鎮	太武帝延和年間（432～434）	孝明帝正光五年（524）	同上
懷荒鎮	太武帝延和年間（432～434）	孝明帝正光五年（524）	同上。 正光五年，孝明帝下詔將沃野、懷朔、薄骨律、武川、撫冥、柔玄、懷荒、禦夷諸鎮改為州；孝明帝詔酈道元與李崇負責具體事宜。但逢六鎮

			叛亂爆發，孝明帝改鎮為州的計劃暫時擱置。直至永安年間，孝莊帝下令將懷荒、禦夷二鎮改為蔚州，標誌著孝明帝時期改鎮為州的政策逐步得到實施。
赤城鎮	太武帝太延年間（435～439）		《魏書》卷五二《趙逸傳》
禦夷鎮	孝文帝太和年間（477～499）	孝明帝正光五年（524）	《魏書》卷八九《酷吏・酈道元傳》，《魏書》卷一〇六上《地形志上》，《水經注》卷一四《沽水注》。
昌平鎮	獻文帝至孝文帝時期		《周書》卷二七《梁椿傳》
崎城鎮	太武帝時期		《魏書》卷二四《張袞傳附張度傳》
北平鎮	宣武帝後期至孝明帝時期		隋《□墮暨妻趙氏墓誌》
凡城鎮	孝文帝時期		《魏書》卷二九《奚斤傳附奚延傳》
和龍鎮	太武帝太延二年（436）	約孝文帝太和年間	《魏書》卷四上《太武帝紀上》，《魏書》卷一〇六上《地形志上》。
雲中鎮	明元帝時期	約孝文帝太和年間	《魏書》卷三〇《安同傳附安原傳》
白道鎮	太武帝時期		《魏書》卷三〇《來大千傳》，《魏書》卷八七《節義・段進傳》。
平城鎮	約孝文帝後期至宣武帝初期	約孝明帝正光五年（524）	《魏書》卷五〇《慕容白曜傳附慕容契傳》，《魏書》卷八九《酷吏・酈道元傳》，《魏書》卷一〇六上《地形志上》。《元朗墓誌》。
靈丘鎮	孝文帝前期		《魏書》卷一一二上《靈徵志上》
廣昌鎮	孝文帝前期		《魏書》卷三二《高湖傳附高各拔傳》，《魏書》卷一一二上《靈徵志上》。
度斤鎮	太武帝時期		《北史》卷三五《王慧龍傳附王寶興傳》，《隋書》卷五一《長孫覽傳附長孫晟傳》。《元龍墓誌》。
賀延鎮	文成帝至獻文帝時期		《元寧墓誌》

賀侯延鎮	孝文帝太和年間		《元偃墓誌》
肆盧鎮	道武帝天賜二年（405）		《魏書》卷一〇六上《地形志上》
離石鎮	道武帝皇始年間（396～397）		《魏書》卷四〇《陸俟傳》
吐京鎮	太武帝延和三年（434）	孝文帝太和十二年（488）	《魏書》卷一〇六上《地形志上》、《元和郡縣圖志》卷一三《河東道二·汾州》。
六壁鎮	約太武帝時期	孝文帝太和年間（477～499）	《水經注》卷六《汾水注》
柏壁鎮	明元帝時期	太武帝太平真君四年（443）	《魏書》卷一〇六上《地形志上》、《元和郡縣圖志》卷一二《河東道一·絳州》、《太平寰宇記》卷四七《河東道八·絳州》。
絳城鎮		約孝明帝後期	《魏書》卷四五《杜銓傳附杜洪太傳》
蒲坂鎮	太武帝時期	約孝明帝後期	《魏書》卷三一《于栗磾傳》
龍門鎮		約孝明帝後期	《北齊書》卷二〇《薛修義傳》
稷山鎮		約孝明帝後期	《北齊書》卷二〇《薛修義傳》
魯口鎮	道武帝皇始至天賜年間（396～408）	約孝明帝後期	《魏書》卷二《道武帝紀》、《元和郡縣圖志》卷一七《河北道二·深州》、《太平寰宇記》卷六三《河北道十二·深州》。
廣阿鎮	明元帝時期	約孝明帝後期	《魏書》卷三《明元帝紀》、《魏書》卷二九《叔孫建傳》。
樂陵鎮	孝文帝時，樂陵鎮就已存在。		《魏書》卷四五《韋閬傳附韋珍傳》
平原鎮	明元帝泰常七年（422）	孝文帝太和十一年（487）	《魏書》卷三《明元帝紀》、《魏書》卷一〇六中《地形志中》、《水經注》卷五《河水注》、《元和郡縣圖志》卷一六《河北道一·博州》。
枋頭鎮	約太武帝太平真君年間（440～450）		《魏書》卷四下《太武帝紀下》

河內鎮	明元帝時期	獻文帝天安二年（467）	《魏書》卷三一《于栗磾傳》、《魏書》卷四四《羅結傳》、《魏書》卷一○六上《地形志上》。
統萬鎮	太武帝始光四年（427）	孝文帝太和十一年（487）	《魏書》卷一○六下《地形志下》、《元和郡縣圖志》卷四《關內道四·夏州》。
高平鎮	太武帝太延二年（436）	孝明帝正光五年（524）	《魏書》卷一○六下《地形志下》、《通典》卷一七三《州郡三》。
長安鎮	太武帝時期	約孝文帝太和年間	《魏書》卷一七《明元六王·樂安王範傳》，《魏書》卷一一二上《靈徵志上》。
杏城鎮	約太武帝時期	孝文帝太和十五年（491）	《元和郡縣圖志》卷三《關內道三·坊州》、《太平寰宇記》卷三五《關西道十一·鄜州》。
李潤鎮	約太武帝時期	約孝文帝太和年間	《魏書》卷一九下《景穆十二王下·安定王休傳附元變傳》、《魏書》卷一○六下《地形志下》。
三堡鎮	約太武帝時期	約孝莊帝時期	《魏書》卷四三《毛修之傳》、《元和郡縣圖志》卷三《關內道三·丹州》、《太平寰宇記》卷三五《關西道十一·丹州》。
安人鎮	約宣武帝延昌年間	約孝莊帝時期	《魏書》卷八九《酷吏·酈道元傳》、《元和郡縣圖志》卷三《關內道三·延州》、《魏書》卷一○六下《地形志下》。
石龜鎮	約太武帝時期	約孝明帝時期	《魏書》卷一○六上《地形志上》、《元和郡縣圖志》卷四《關內道四·麟州》、《太平寰宇記》卷三八《關西道十四·麟州》。
三縣鎮	孝文帝延興二年（472）	孝文帝太和十一年（487）	《魏書》卷一○六上《地形志上》、《元和郡縣圖志》卷三《關內道三·寧州》。
安定鎮	太武帝前期	約孝文帝時期	《魏書》卷四上《太武帝紀上》、《魏書》卷一○六上《地形志上》。
雍城鎮	太武帝時期	孝文帝太和十一年（487）	《魏書》卷七○《劉藻傳》、《魏書》卷一○六下《地形志下》、《元和郡縣圖志》卷二《關內道二·鳳翔府》。

長蛇鎮	文成帝時期	約孝明帝至孝莊帝時期	《魏書》卷六《獻文帝紀》、《魏書》卷三〇《陸真傳》、《水經注》卷一七《渭水注》。
汧城鎮	約孝文帝至宣武帝時期	約孝明帝至孝莊帝時期	《周書》卷一九《達奚武傳》
上邽鎮	太武帝太延年間（435～439）	約孝文帝太和中後期	《魏書》卷四上《太武帝紀上》、《魏書》卷一〇一《氐傳》、《魏書》卷一一二下《靈徵志下》、《元和郡縣圖志》卷三九《隴右道上·秦州》。
隴西鎮	約宣武帝時期	約孝明帝至孝莊帝時期	《魏書》卷八《宣武帝紀》、《魏書》卷六一《薛安都傳附薛巒傳》。
仇池鎮	太武帝太平真君七年（446）	孝文帝太和十二年（488）	《魏書》卷一〇六下《地形志下》、《元和郡縣圖志》卷二二《山南道三·成州》。
武都鎮	太武帝太平真君七年（446）	宣武帝時期	《魏書》卷一〇一《宕昌羌傳》、《元和郡縣圖志》卷三九《隴右道上·武州》。
武興鎮	獻文帝時初置，不久即廢置。孝文帝太和十六年（492）又置。	孝文帝太和十六年，置武興鎮不久，又廢置。	《魏書》卷七下《孝文帝紀下》、《魏書》卷一〇一《氐傳》、《太平寰宇記》卷一三五《山南西道三·興州》。
固道鎮	約孝文帝太和後期		《魏書》卷一九中《景穆十二王中·任城王雲傳附元澄傳》
循城鎮	約孝文帝太和後期		《魏書》卷一九中《景穆十二王中·任城王雲傳附元澄傳》
清水鎮	約孝文帝時期		《皇甫驎墓誌》
隆城鎮	宣武帝時期	約孝明帝至孝莊帝時期	《魏書》卷一〇一《獠傳》、民國《巴中縣志》第一編《地釋》、民國《閬中縣志》卷九《古蹟》、民國《閬中縣志》卷二《疆域》。
薄骨律鎮	太武得太延二年（436）	孝明帝孝昌二年（526）	《魏書》卷一〇六上《地形志上》、《元和郡縣圖志》卷四《關內道四·靈州》、《太平寰宇記》卷三六《關西道十二·靈州》。

弘靜鎮	約太武帝時期		《元和郡縣圖志》卷四《關內道四‧靈州》、《太平寰宇記》卷三六《關西道十二‧靈州》。
榆中鎮	王巢約在宣武帝時期任榆中鎮將	約孝明帝至孝莊帝時期	《魏書》卷一○六下《地形志下》、《周書》卷二九《王杰傳》。
枹罕鎮	太武帝太平真君六年（445）	孝文帝太和十六年（492）	《魏書》卷七下《孝文帝紀下》、《元和郡縣圖志》卷三九《隴右道上‧河州》。
洮陽鎮	北魏前廢帝普泰二年（532）	約孝武帝時期	《魏書》卷七下《孝文帝紀下》、《魏書》卷一○一《吐谷渾傳》、《太平寰宇記》卷一五○《隴右道一‧儀州》。
鄯善鎮	太武帝太平真君年間（440～450）	孝明帝孝昌二年（526）	《魏書》卷三○《王建傳附王安都傳》、《元和郡縣圖志》卷三九《隴右道上‧鄯州》。
涼州鎮	太武帝太平真君年間（440～450）	孝文帝太和十四年（490），涼州鎮改為姑臧鎮。	《魏書》卷一○六下《地形志下》、《元和郡縣圖志》卷四○《隴右道下‧涼州》。
姑臧鎮	孝文帝太和十四年（490），涼州鎮改為姑臧鎮。	孝文帝太和後期	《魏書》卷一○六下《地形志下》、《元和郡縣圖志》卷四○《隴右道下‧涼州》。
敦煌鎮	太武帝太延四年（439）	孝明帝孝昌年間（525～527）	《魏書》卷二六《尉古真傳附尉眷傳》、《元和郡縣圖志》卷四○《隴右道下‧肅州》、《元和郡縣圖志》卷四○《隴右道下‧沙州》。
晉昌鎮	約文成帝時期	約孝文帝後期，晉昌鎮改為晉昌戍。	《魏書》卷七上《孝文帝紀上》、《魏書》卷三○《尉撥傳》。
焉耆鎮	太武帝太平真君十年（449）	約孝明帝時期	《魏書》卷三○《車伊洛傳》、《資治通鑒》卷一二五宋元嘉二十五年（北魏太武帝太平真君九年）條、《資治通鑒》卷一二五宋元嘉二十六年。
虎牢鎮	明元帝泰常年間	約孝文帝太和後期	《魏書》卷三《明元帝紀》、《魏書》卷三○《王建傳附王度傳》、《魏書》卷三八《韓延之傳》、《魏書》卷一○六中《地形志中》。

洛城鎮	明元帝時期	約孝明帝時期	《魏書》卷三八《王慧龍傳》
金門鎮	約太武帝至文成帝時期	約孝明帝時期	《新唐書》卷一《高祖紀上》、《新唐書》卷七〇上《宗室世系上》。
陝城鎮	約太武帝中後期	孝文帝太和十一年（487）	《魏書》卷四上《太武帝紀上》、《魏書》卷二四《崔玄伯傳附崔寬傳》、《魏書》卷三一《于栗磾傳》、《魏書》卷六一《薛安都傳》、《魏書》卷一〇六下《地形志下》。
大谷鎮		孝明帝末期至孝莊帝時期	《周書》卷四四《陽雄傳》
襄城鎮	約文成時期	約孝明帝至孝莊帝時期	《魏書》卷二七《穆崇傳附穆吐萬傳》、《魏書》卷一〇六中《地形志中》。
魯陽鎮	孝文帝太和十一年（487）	孝文帝太和二十二年（498）	《魏書》卷一〇六中《地形志中》、《元和郡縣圖志》卷六《河南道二·汝州》。
馬圈鎮	孝文帝太和後期	約孝明帝至孝莊帝時期	《魏書》卷七下《孝文帝紀下》、《太平寰宇記》卷一四二《山南東道一·鄧州》、《元遙墓誌》。
新野鎮		約長廣王至孝武帝時期	《魏書》卷三九《李寶傳附李佐傳》、《周書》卷一六《獨孤信傳》。
比陽鎮	約文成帝至獻文帝時期	約孝明帝至孝莊帝時期	《魏書》卷四二《寇讚傳附寇臻傳》、《魏書》卷四五《韋閬傳附韋珍傳》。
長社鎮	文成帝時期	約孝明帝至孝莊帝時期	《魏書》卷六一《畢眾敬傳附常珍奇傳》、《魏書》卷六一《薛安都傳》。
下溠鎮	孝明帝正光初期	約孝武帝時期	《北齊書》卷二二《李元忠傳附李憨傳》、《元和郡縣圖志》卷二一《山南道二·隨州》、《太平寰宇記》卷一四四《山南東道三·隨州》。
梁國鎮	約孝文帝前期	孝莊帝永安三年（530），江南梁攻佔梁國地區。	《魏書》卷四四《費於傳附費萬傳》、《魏書》卷五七《崔挺傳附崔孝芬傳》、《魏書》卷七四《尒朱榮傳》。
瑕丘鎮	獻文帝皇興年間（467～470）	約孝文帝太和年間	《魏書》卷六《獻文帝紀》、《魏書》卷三〇《丘堆傳附丘麟傳》、《魏書》卷五五《游明根傳》。

滎陽鎮	約獻文帝皇興年間（467～470）	約孝明帝後期至孝莊帝時期	《魏書》卷六《獻文帝紀》、《魏書》卷六七《崔光傳附崔勳傳》、《魏書》卷一〇六中《地形志中》。
東陽鎮將	獻文帝皇興年間（467～470）	約孝文帝太和年間	《魏書》卷六《獻文帝紀》、《魏書》卷三三《屈遵傳附屈車渠傳》、《魏書》卷四〇《陸俟傳附陸尼傳》、《魏書》卷一〇六中《地形志中》。
臨濟鎮	太武帝時期	約孝文帝太和後期	《魏書》卷一一二上《靈徵志上》。《侯氏墓誌》。
東萊鎮	孝文帝延興五年（475）	宣武帝景明元年（500）	《魏書》卷一〇六中《地形志中》
懸瓠鎮	獻文帝皇興年間（467～470）	約孝文帝太和後期	《魏書》卷六《獻文帝紀》、《魏書》卷三〇《尉撥傳》、《魏書》卷一〇六中《地形志中》。
彭城鎮	獻文帝時期	約孝文帝太和後期	《魏書》卷六《獻文帝紀》、《魏書》卷四四《薛野䐏傳附薛虎子傳》、《魏書》卷五一《孔伯恭傳》、《魏書》卷一〇六中《地形志中》。
谷陽鎮	孝文帝太和年間（477～499）	宣武帝時期	《魏書》卷一〇六中《地形志中》
宿豫鎮	宣武帝景明年間（500～503）	宣武帝正始年間（504～507）	《魏書》卷八《宣武帝紀》、《魏書》卷一〇六中《地形志中》。
汝陰鎮	孝文帝太和年間	約宣武帝時期	《魏書》卷七〇《傅永傳》
梁城鎮	獻文帝時期	宣武帝時期	《魏書》卷八《宣武帝紀》、《魏書》卷一九下《景穆十二王下·章武王太洛傳附元融傳》、《魏書》卷二七《穆崇傳附穆度孤傳》、《魏書》卷五二《趙逸傳附趙遐傳》、《魏書》卷八七《節義·晁清傳》、《魏書》卷九八《島夷·蕭衍傳》。
郯城鎮	孝文帝時期	約孝明帝時期	《魏書》卷一九中《景穆十二王中·任城王雲傳附元澄傳》、《魏書》卷八八《良吏·鹿生傳》、《魏書》卷九八《島夷·蕭衍傳》。
團城鎮	孝文帝時期	約宣武帝時期	《魏書》卷五〇《尉元傳》、《魏書》

			卷五四《高閭傳》、《魏書》卷八六《孝感·趙琰傳》、《魏書》卷一○六中《地形志中》。
臨海鎮	約宣武帝時期	臨海鎮延續至北魏末，北齊廢置。	《魏書》卷六《獻文帝紀》、《魏書》卷一○六中《地形志中》、《元和郡縣圖志》卷一一《河南道七·海州》。
明壘鎮	太武帝時期		《魏書》卷二四《許謙傳附許洛陽傳》
撫宜鎮	約孝莊帝時期		《北齊書》卷一八《孫騰傳》
張掖鎮	約獻文帝時期		《魏書》卷四五《裴駿傳附裴修傳》

附圖 2　北魏軍鎮在內蒙古分布圖

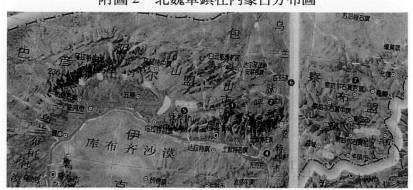

底圖來源於郭素新主編《中國文物地圖集‧內蒙古自治區分冊》「內蒙古自治區地勢
圖」〔註203〕

1 懷朔鎮　　2 武川鎮　　3 白道鎮　　4 雲中鎮　　5 沃野鎮　　6 撫冥鎮　　7 柔玄鎮

附圖 3.1　北魏軍鎮在山西北部分布圖

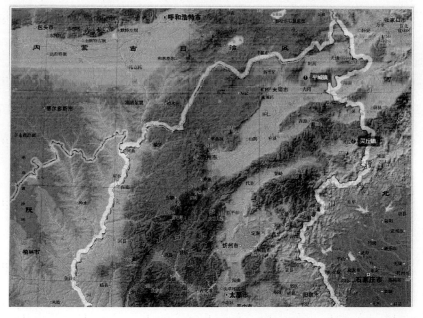

底圖來源於國家文物局主編《中國文物地圖集‧山西分冊（上）》「山西省地勢圖」
〔註204〕

〔註203〕郭素新主編：《中國文物地圖集‧內蒙古自治區分冊》，西安：西安地圖出版
　　　　社，2003 年，第 36～37 頁。
〔註204〕國家文物局主編：《中國文物地圖集‧山西分冊（上）》，北京：中國地圖出
　　　　版社，2006 年，第 38 頁。

附圖 3.2　北魏軍鎮在山西南部分布圖

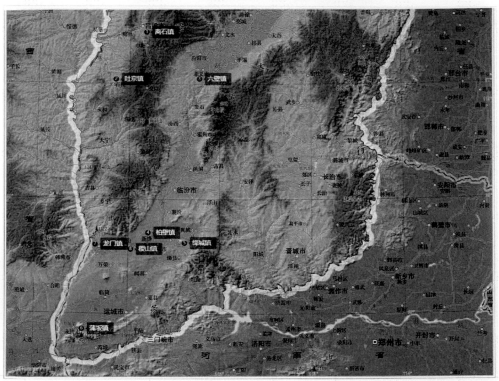

底圖來源於國家文物局主編《中國文物地圖集・山西分冊（上）》「山西省地勢圖」
〔註 205〕

附圖4　北魏軍鎮在寧夏分布圖

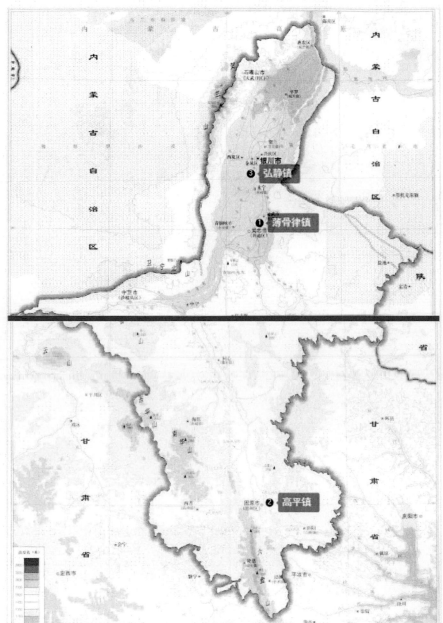

底圖來源於國家文物局主編《中國文物地圖集‧寧夏回族自治區分冊》「寧夏回族自治區地勢圖」〔註206〕

〔註206〕國家文物局主編：《中國文物地圖集‧寧夏回族自治區分冊》，北京：文物出版社，2010年，第36～37頁。

附圖 5.1　北魏軍鎮在甘肅西北部分布圖

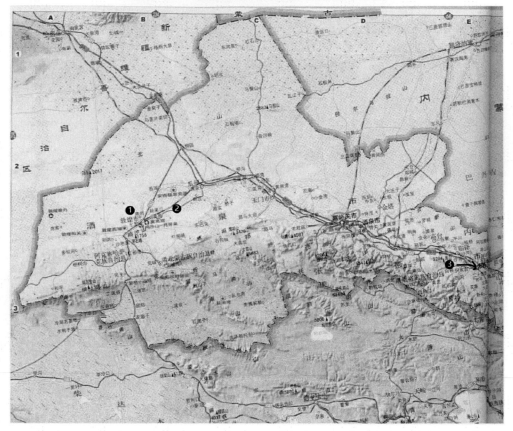

底圖來源於杜秀榮、唐建軍著《中國地圖集》「甘肅省」〔註207〕

1 敦煌鎮　　2 晉昌鎮　　3 張掖鎮

〔註207〕杜秀榮、唐建軍：《中國地圖集》，北京：中國地圖出版社，2011 年，第 218
　　　　頁。

附圖 5.2　北魏軍鎮在甘肅東南部分布圖

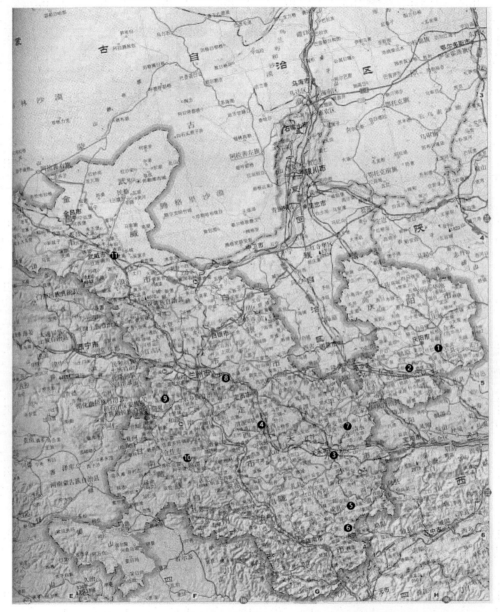

底圖來源於杜秀榮、唐建軍著《中國地圖集》「甘肅省」〔註208〕

1 三縣鎮　　2 安定鎮　　3 上邽鎮　　4 隴西鎮　　5 仇池鎮　　6 武都鎮　　7 清水鎮

8 榆中鎮　　9 枹罕鎮　　10 臨洮鎮　　8 榆中鎮　　11 涼州鎮、姑臧鎮

〔註208〕杜秀榮、唐建軍:《中國地圖集》,北京:中國地圖出版社,2011 年,第 219
　　　　頁。

附圖 6.1　北魏軍鎮在河北北部分布圖

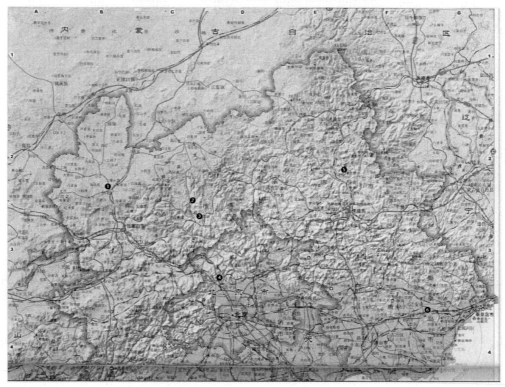

底圖來源於杜秀榮、唐建軍著《中國地圖集》「河北省」〔註209〕

1 懷荒鎮　　2 禦夷鎮　　3 赤城鎮　　4 昌平鎮　　5 崎城鎮　　6 北平鎮

〔註209〕杜秀榮、唐建軍:《中國地圖集》,北京:中國地圖出版社,2011 年,第 50 頁。

附圖 6.2　北魏軍鎮在河北南部分布圖

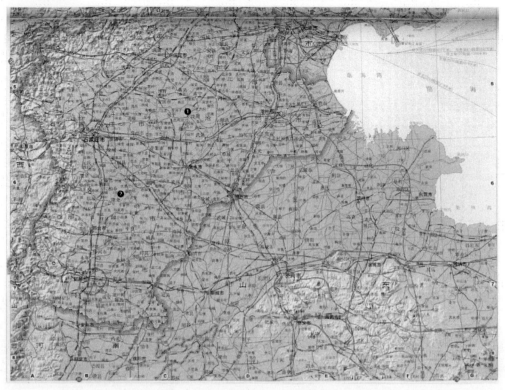

底圖來源於杜秀榮、唐建軍著《中國地圖集》「河北省」〔註210〕

1 魯口鎮　2 廣阿鎮

〔註210〕杜秀榮、唐建軍：《中國地圖集》，北京：中國地圖出版社，2011 年，第 51
　　　　頁。

附圖 7.1　北魏軍鎮在山東西部分布圖

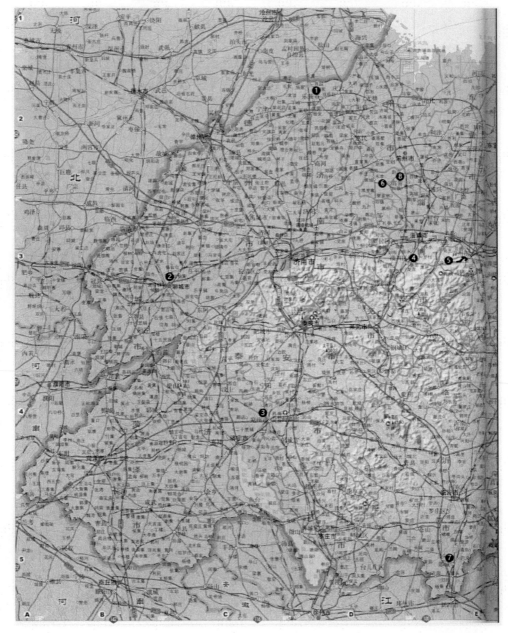

底圖來源於杜秀榮、唐建軍著《中國地圖集》「山東省」〔註211〕

1 樂陵鎮　2 平原鎮　3 瑕丘鎮　4 槃陽鎮　5 東陽鎮　6 臨濟鎮　7 郯城鎮　8 明壘鎮

〔註211〕杜秀榮、唐建軍:《中國地圖集》,北京:中國地圖出版社,2011 年,第 134 頁。

附圖 7.2　北魏軍鎮在山東東部分布圖

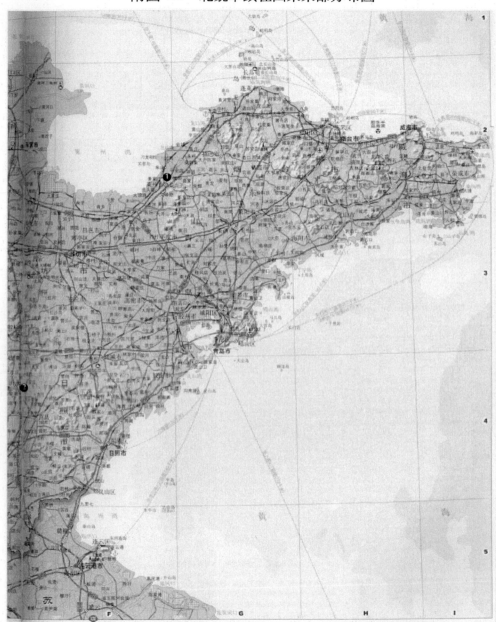

底圖來源於杜秀榮、唐建軍著《中國地圖集》「山東省」〔註212〕

1 東萊鎮　　2 團城鎮

〔註212〕杜秀榮、唐建軍：《中國地圖集》，北京：中國地圖出版社，2011 年，第 135 頁。

附圖 8.1　北魏軍鎮在河南西部分布圖

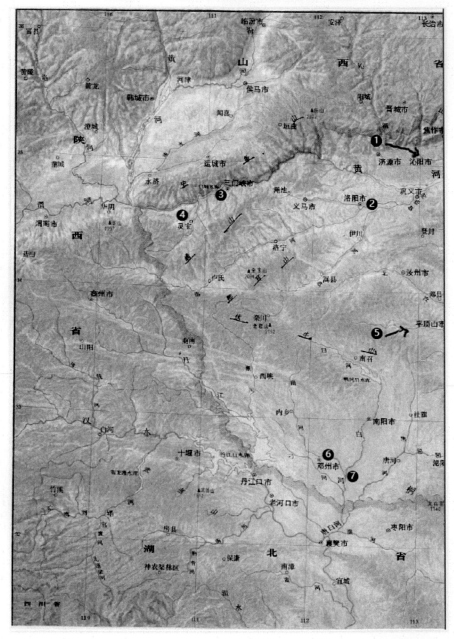

底圖來源於國家文物局主編《中國文物地圖集・河南分冊》「河南省地形圖」〔註213〕

1 河內鎮　　2 洛城鎮　　3 陝城鎮　　4 大谷鎮　　5 魯陽鎮　　6 馬圈鎮　　7 新野鎮

〔註213〕國家文物局主編：《中國文物地圖集・河南分冊》，北京：中國地圖出版社，
　　　　1991 年，第 6 頁。

附圖 8.2 北魏軍鎮在河南東部分布圖

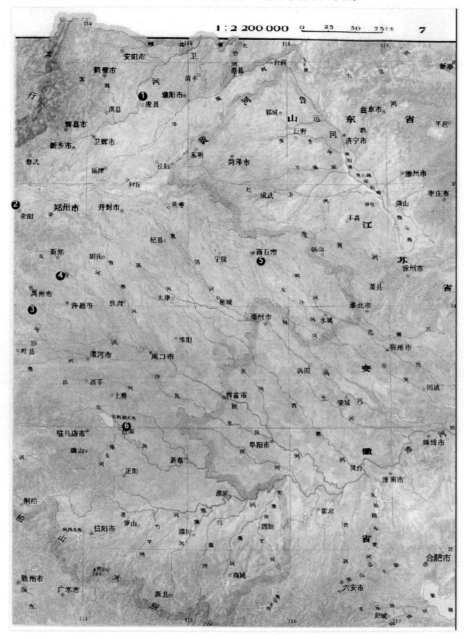

底圖來源於國家文物局主編《中國文物地圖集·河南分冊》「河南省地形圖」〔註214〕

1 枋頭鎮 2 虎牢鎮 3 襄城鎮 4 長社鎮 5 梁國鎮 6 懸瓠鎮

〔註214〕國家文物局主編:《中國文物地圖集·河南分冊》,北京:中國地圖出版社,
1991 年,第 7 頁。

附圖 9　北魏軍鎮在陝西南部分布圖

底圖來源於國家文物局主編《中國文物地圖集・陝西分冊（上）》「陝西省地形圖」
〔註215〕

1 長安鎮　　2 杏城鎮　　3 李潤鎮　　4 雍城鎮　　5 長蛇鎮　　6 武興鎮　　7 固道鎮

〔註215〕國家文物局主編：《中國文物地圖集・陝西分冊（上）》，西安：西安地圖出
版社，1998 年，第 25 頁。

附圖 10　北魏軍鎮在江蘇北部、安徽北部分布圖

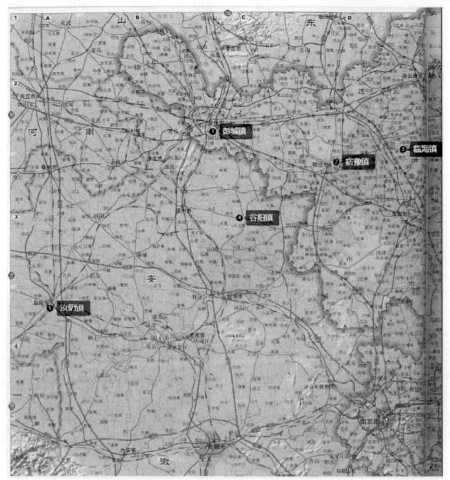

底圖來源於杜秀榮、唐建軍著《中國地圖集》「江蘇省」〔註216〕

〔註216〕杜秀榮、唐建軍：《中國地圖集》，北京：中國地圖出版社，2011 年，第 100 頁。